主动学习

从今天开始

赵辉　孙俊　段一舟　树茂菁　编著

一本帮助家长指导孩子学习和生活的书

一本从智慧教育实践中总结出教育理念的书

了解孩子学习规律　　**构建良好亲子关系**　　**破解人生规划密码**

主动学习，学习动力之术　　积极情绪，学习状态之基　　目标管理，终身成长之道

WUHAN UNIVERSITY PRESS
武汉大学出版社

图书在版编目(CIP)数据

主动学习，从今天开始/赵辉等编著．—武汉：武汉大学出版社，2023.2

ISBN 978-7-307-23457-4

Ⅰ.主…　Ⅱ.赵…　Ⅲ.学习方法　Ⅳ.G442

中国版本图书馆 CIP 数据核字(2022)第 219128 号

责任编辑:任　翔　　责任校对:李孟潇　　版式设计:韩闻锦

出版发行：**武汉大学出版社**　(430072　武昌　珞珈山)
(电子邮箱：cbs22@ whu.edu.cn　网址：www.wdp. com.cn)
印刷：武汉精一佳印刷有限公司
开本:720×1000　1/16　印张:12.25　字数:169 千字
版次:2023 年 2 月第 1 版　2023 年 2 月第 1 次印刷
ISBN 978-7-307-23457-4　定价:58. 00 元

序

孙俊教授是北京大学王选计算机研究所智慧教育项目团队负责人，他的团队在教育领域，特别是教育信息化领域，已经深耕6年了，开发出了许多让学生、家长、老师和学校满意的信息化产品和工具。他和团队成员从产品实践角度出发、结合具体的应用场景写的这本书，读后让我颇有收获。

教育是有益于国家长久昌盛的事业，而经过人工智能加持的智慧教育可以将这项事业做得更好。近年来，教育信息化蓬勃发展，信息化产品工具的引入达到了简化教学流程、充分利用网络资源、生动教学内容、监管作业状态的目的。而在用户习惯方面，近几年，教师和学生都已适应了在线教育的教学方式，并熟练使用教育信息化的工具。令人遗憾的是，目前教育信息化产品良莠不齐，还存在着一些没有解决的问题：第一，教学活动与信息化本末倒置。很多教育信息化产品要求用户按照产品提供的功能和设计的流程操作，使得教学活动被动地适应信息化工具，这并不符合教育教学规律。第二，学生终端存在隐患。很多学习终端并非专为学生学习打造，其产品在学生视力保护、学习与娱乐功能界定、书写与学习习惯等方面均未做专业的设计，难以满足常态化使用的需求。第三，学情数据采集不充分。数据是决定一个信息系统有效性与价值的关键，在教育信息化产品中，学情数据的采集关乎学生学业分析和教师教学策略，但大多数产品在应用的过程中，对于学情数据，要么难以留存，要么采集和分析得不够细致。第四，个性化教学难以落实。由于缺乏对学情的精准把控，许多教育信息化产品会以同质化的教学内容和单一化的评价标准要求全部学生，因而忽视了学生的个体差异，这种看似公平的方式难以实现一生一策的精准教学。这些问题都有待于深入研究，孙俊教授的团队也在努力解决这些问题。

教育发展固然有赖于教育信息化产品的赋能，但更重要的是需要家长的密切参与。在长期的教育实践中我们发现，教育仅依靠学校、学生和老师是远远不够的，家庭教育也是重要的一环。为了让家长能够了解教育规律，促进家庭教育、学校教育、学生自我教育的融合，本书团队遍访教育名家，并结合其在教育行业的经验，总结了对教育本质和规律的一些认识，以期给家长带来启发。本书的核心观点就是家长需要从主动学习、积极情绪、目标管理三个维度去促进孩子的学习和成长。

市场上很多家庭教育图书理念虽优，但可操作性不强，家长往往难以坚持落实。本书充分总结了产品和试点学校的成功经验，为家长提供了操作性强的实用工具，能够助力良好亲子关系的构建、提升孩子的综合素养。书中提到的理念和方法是经过了实践检验，并在应用教育信息化相关产品的过程中总结出来的，可以切实落地。本书大部分章节，提供了与该章内容有关的“落地与实操方法”内容，包含方法介绍、操作步骤、举例说明三个模块，家长可以将理念、方法和实践相互印证，并从中得到借鉴。

“他山之石，可以攻玉”，阅读本书会有很多新的感悟和体会，并能将之用于家庭教育的实践中。希望家长能够吃透书中理念，落地家庭教育实践。即便家长只从中学到了一点点，也有助于改善孩子的学习习惯和生活态度，这是我们教育领域从业者所期待的。

是为序。

北京师范大学　武法提

2022 年秋

前　言

学校无法针对所有孩子的学习状况因材施教，只能采取统一的教学模式。在现实生活中，孩子五分之三的时间在家中度过，因此家庭教育显得特别重要，家庭教育是学校教育的补充。不少家长还有“管好孩子学习是学校的事”的错误观念，对家庭教育重要性的认识严重不足。

家庭教育的重要性体现在言传身教和父母的高度觉悟上。父母是孩子的第一任老师，也是最长久的老师。不合适的家庭教育是孩子的灾难，有教育家曾说过：“无知地对待儿童，比无知地对待成人，更可怕。”

对于家庭教育，不同的家长有不同的理解。

有家长认为，正确的家庭教育需要靠家长起示范作用。要孩子做到的，家长首先做到；要孩子不做的，家长首先不做；家长做不到的，绝不强迫孩子做；孩子想做的，家长理性地引导孩子。

也有家长认为，对孩子的爱是最好的教育方式。他们会无条件接受孩子和爱孩子，并着眼于孩子未来能力的培养，如独立思考能力、解决问题能力、批判性思维能力、阅读能力、自控能力。

也有家长可能会忙于挣钱，认为要给孩子提供充足的物质保障、请最好的辅导老师、上最全面的素质拓展班。

以上家长对家庭教育的理解都有其合理性，但要特别注意去甄别那些拍脑袋想出来的教育理念、教育方法。有个育儿观念，一度被奉为圭臬：当婴儿哭泣时，不去理他，不去抱他，这样才能培养婴儿的独立性。但实际的情况是，婴儿啼哭的时候需要将他抱起来，因为这样既有利于他的呼吸，还能使他感受到父母的爱。当婴儿哭泣时，不立刻抱起他，或许这种做法真的可以培养孩子的独立性，但这样一来，他就不知道用什么方法来向外界传递自己的需求，失去了感受被爱的机会，将来也容易有自闭的倾向。

教育孩子并不是一件简单的事情。家长要学会让教育理念顺应人性、顺应规律。如果家长的教育方法虽然能让孩子提升成绩，但负面作用是给孩子带来了很大的负担或使得亲子关系破裂，这恐怕是不可取的。我们的方法正是顺应了人性，顺应了教育规律，从主动学习、积极情绪、目标管理三个方面去贯彻家庭教育的理念。希望可以帮助家长落实家庭教育，帮助孩子提升成绩、拓展知识、培养能力、塑造人格。良好的亲子关系与孩子成绩的提升、能力的培养是正相关的，家庭教育带来的影响远远不止提到的这些。

需要说明的是，本书是给家长看的，而孩子也可以在家长的指导下去翻看本书。如果时间比较充裕，可以从开头按顺序阅读下去，此法可以帮助家长建立家庭教育理念的体系；若是时间较为紧张，建议家长有选择性地阅读，可针对不同的教育主题内容去选择不同的部分阅读。如想关注怎么提升孩子的学习成绩，就去阅读“主动学习”部分；如需了解亲子关系的构建和带给孩子积极情绪的做法，可翻阅“积极情绪”部分；若对孩子的终生发展和目标计划等感兴趣，可查阅“目标管理”部分。我们在书中会设置问题剖析、案例分析、实用工具、经验之谈等环节，家长也可以只阅读此部分的材料，从而对教育理念有个直观的认识。

在本书的三个模块中，主动学习是核心素养，积极情绪和目标管理是战略性的做法，而三大模块之间也是相互渗透、不可分割的。除此之外，本书还附有 “北大学子说”，家长和孩子可从中了解学霸们的观点和具体做法。

家长朋友们，现在就行动起来，按照本书中可落地、可操作的方法，以正确的理念教导孩子，让孩子从今天开始主动学习吧！

作者

2022年11月于中关新园

目　录

主动学习

积极情绪

目标管理

主动学习

主动学习，是习惯养成的结果。培养习惯的过程中需要调动自身的积极性，有时难免不适应。但当习惯养成后，你会发现你做到了以前做不到的事。

第一章

调动积极状态

一、主动学习的促进因素

要点提示

孩子的学习积极性需要调动，只有调动了积极性，孩子学习才会更加投入。

近年来，受新冠肺炎疫情影响，许多学校转为线上教学，这使得大部分家长朋友都见识了自己孩子在上网课时的状态。请你回忆一下：你的孩子在听课的时候是如下哪种状态呢？

✧ 认真听讲，主动做笔记，积极回答问题。

✧ 一直很专注，偶尔走神。

✧ 小动作多，经常不认真听课。

✧ 东倒西歪、心不在焉。

✧ 切换其他应用程序，看小说或看视频，做自己的事。

回想孩子上网课时的状态，恐怕家长朋友们都会有点儿焦虑：我的孩子是不是平时在校上课也这样，而我只是没发现罢了？其实无须担心这一点，笔者采访过许多上过网课的老师，他们说，孩子在线上和线下的表现是有天壤之别的，孩子在学校上课的学习状态要远远好于在家上网课。具体对比详见表1。

表1　学生在学校上课与在家上网课时的对比

对比要素	在学校上课	在家上网课
监督对象	任课老师	家长或靠自觉
自由程度	较低，受课堂约束	较高，自主决定
周边环境	相对安静	复杂多变，不确定性大
同学情况	在身边	在云端
互动效果	良好，能收到有效反馈	一般
干扰影响	基本无干扰	受家庭成员、手机或电脑其他应用程序干扰

实际上，孩子在家上网课的时候会受到环境的干扰、外界的诱惑，在缺乏有效监督的情况下，自制力差的孩子就会不自觉地进入“人在曹营心在汉”的状态。反观孩子在学校上课时，由于周边环境的约束和外界诱惑被隔绝，孩子能够较好地保持自己的学习状态。由此可见，学习状态的进入也需要特定的条件，并非任何环境和条件都能让孩子全神贯注地学习。作为家长，要深刻地认识到这一点，才能为孩子创造良好的学习氛围；作为学生，也要了解到自身的状况，为自己能够进入更佳的学习状态而创造有利条件。

案例分析

在雪梅老师的班级中，小李和小陈都属于学习成绩较好的学生，而他们的学习习惯与风格完全不一样。小李同学会认真听好每一节课，完成老师布置的作业，即使在不想学习的时候，也能咬牙坚持。为了得到父母和老师的认可，小李放弃了课间休息和发展兴趣爱好的时间，全力以赴、不遗余力地学习，成绩稳定在年级前十名。而同样是年级前十名的小陈同学则完全相反，他课间出去和其他同学玩耍，演讲比赛、运动会、手工大赛一样没落下。小陈善于自学，也擅长规划自己的时间：早起晨读时，记忆力最佳，用于背单词和古诗词；中午午休后仍然昏昏欲睡，他去刷中考模拟题，精神一下子就振奋了起来；晚上夜深人静时，无人打扰，逻辑思维能力也强，他便开始做数学题。

从表面上看，小李属于“听话型”“勤奋刻苦型”学生，小陈属于“技巧型”“全能型”学生。但单从学习状态和效率上来看，很明显小陈是强于小李的，他懂得让自己在最佳的状态做最高效的事。

在最佳的状态做最高效的事，恰恰是提升效率的关键，这也是主动学习的要求。我们所说的主动学习，不仅仅是要自主探索、自主学习、自觉学习，更是要以饱满的精神状态投入学习。

也许有家长朋友觉得，主动学习太难了，不仅要主动、自觉，更要找方法保持专注。其实这一点儿也不难，想象一下你喜欢打麻将、打扑克或钓鱼，周末约上三五好友一起去做这件事，你会觉得困难吗？你可能会无意识地全神贯注，甚至都忘了时间的流逝。孩子也是一样，家长朋友们可能会发现孩子在学习上无法专心投入，要么走神，要么分心去做别的事；但是孩子在看电视的时候却能聚精会神，随着剧情而嬉笑怒悲，不自觉地进入了状态。

无论是学习也好，娱乐也罢，都需要在特定条件和场景下，调动你的积极状态，从而让你能够专心投入其中。

二、肾上腺素时刻

要点提示

肾上腺素可以调动人的积极性，但不是长久之计。考试的形式值得借鉴，因为它可以调动孩子学习的积极性。

我们听到过这样的事情：有的人在房子发生火灾时能将超重的冰箱搬出房外，有的人可以忽然跳得很高只为了接住一个球，有的人在面临猛兽追赶时能爆发出前所未有的速度。人们是如何成功完成这些难以置信的挑战的呢？答案是肾上腺素。这种强效兴奋物质，可以协助我们将这些不可能完成的任务变成了可能。在遇到危险的时候，人体会分泌肾上腺素，促使人完成平常状态下难以完成的事，这也是一种状态调整。

也许有家长朋友会想，要是能让我的孩子一直保持肾上腺素分泌的状态该多好，这样他就能随时随地完成学习任务。但事实是，肾上腺素持续不断地流入体内系统中，会造成血压升高并对心脏与大脑造成损害。而且这种状态可遇而不可求，肾上腺素不会一直分泌，但主动学习的习惯却可以通过后天的刻意训练养成。

我们可以换一个方法让孩子保持高效的状态，并且这个状态可以持续下去。请回想一下你的孩子在何种情况下是最投入的状态？是听课、预习、做练习、复习还是考试？大多数情况下，孩子在考试的时候会最大限度地投入其中，会调动自己的状态以争取最高的卷面分数。现在，我们回到主动学习和被动学习的话题，从中探索进入高效状态的诀窍。

从狭义上看，主动学习是主动探索式学习，被动学习是被动接受知识的学习；从广义上看，主动学习是调动积极性、进入状态的过程，而被动学习则是心神散漫、心不在焉的过程。其实，狭义和广义上的主动学习是统一的，一旦孩子主动探索，便会积极思考，从而进入状态。图1为学习形式与知识留存率关系的模型。

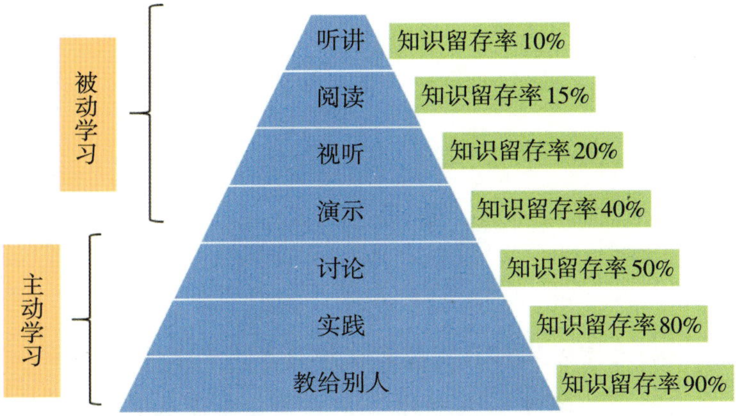

图1　学习形式与知识留存率关系的模型

从图1可知，主动学习的知识留存率较高，学习效率更高。考试是一种实践，写解题步骤的过程也是把知识教给别人的过程，不难理解，这也是主动学习的重要形式。

被动学习获得的是短期效果，而主动学习获得的是长期效果。短期效果很容易忘记，而长期效果则不会。你可能会感觉听老师讲课的学习效果好，是因为其中既有被动听课也有主动思考的过程，结合了短期效果和长期效果。如果上课时只听老师讲解而不去主动思考的话，学习效率还是会很低。只有调动学习积极性，才能更好地主动学习；只有主动学习，才会激发学习欲望和提升学习效率。主动学习才是需要培养和长期保持的，外界客观条件下的被动学习只能起到辅助作用。

肾上腺素不能长期分泌，但主动学习习惯却可以慢慢培养。养成主动学习习惯的捷径，就是找到最容易进入状态的形式并加以强化，如可以利用模拟练习或考试这种形式去提升孩子的学习状态。而模拟练习和考试又是记忆、理解、应用的综合，是主动学习中能够留存较多知识的一种形式，值得借此形式去实现状态的提升。

三、主动学习的习惯养成

要点提示

习惯的养成需要锻炼、重复，而主动学习的习惯也可以在反复考试中培养。家长要利用机会为孩子出题测评，充分调动孩子的状态，使之养成积极探索、进入高效模式的好习惯。

试想一下，如果你的孩子进入了主动学习的状态，那么将会有哪些益处呢？首先，你不需要每天再盯着他学习，他会主动投入，你会减轻监督负担；其次，他将提升自己的学习效率，有更多的时间去发展兴趣爱好；最后，你也不用担心他的学习效果，想必进入主动学习状态的孩子学习效果都不差。

从前面的分析中得出，孩子进入主动学习状态的最佳方式居然是考试，这又是为什么呢？

问题剖析

不得不说，考试是备受学生、家长、社会重视的人才选拔方式。因此，家长和孩子潜意识里会有这样的思考：成功人士一般都是考试的受益者，正是因为成功通过了层层考试，才能接受良好的教育，才能找到好的工作，才能有一定的社会地位。与此同时，考试是层层递进的。考不上初中，就没有中考的机会；考不上高中，就没有高考的机会。而且，每一次考试都会有影响，比如影响座位的分配、能否进实验班等。

客观来说，考试的机会是有限的。比如最重要的高考，如果因为病了没有考好，要么进入一个不理想的学校，要么复读，这两个选择的代价都是巨大的。所以家长和孩子都会重视考试。

而孩子之所以能够在考试中保持投入的状态，却不仅仅因为这个原因。家长和老师的热切关注、好胜心与虚荣心、不服输的态度、挑战自我的勇气、对自己的严格要求等都会让孩子对考试格外投入，对每一题都全力以赴。

如果孩子能以应对考试的态度来对待平时的所有学习活动，那该多好。可惜，从孩子的主观上来说，这显然是不现实的。如果要引导孩子进入主动学习的高效状态，甚至使主动学习成为一种习惯，就需要进行长期锻炼和刻意练习。

古希腊哲学家亚里士多德对于习惯养成，有一段颇有见解的定义："人的行为总是一再重复。因此，卓越的不是单一的举动，而是习惯，人是被习惯所塑造的，优异的结果来自良好的习惯，而非一时的行动。""21天法则"给培养习惯的时间定了一个大致的期限。它认为通过21天的正确重复练习，我们就可以将练习的行为变成自己的习惯。

虽然无法以考试一样的态度来对待平时的学习活动，但我们可以转换思路：把学习过程融入考试的形式中，并成为一种习惯。其实，考试也可以培养优秀的学习习惯，前提是考试次数够多。在宁波和衡水，许多著名中学推广了一种全新的学习理念：利用考试替代练习，明确规定每次作业的时间，把考试嵌入到学生的学习环节中去。读者可扫下方二维码，聆听名校校长现身说法，感受这种学习理念的优势。

将平时练习当考试，真正考试时才能像练习一样挥洒自如、游刃有余。平时练习时，只有投入了，才能进入高效的学习模式，从练习中学习知识。

实用工具

孩子不可能常常处于考试的情景中，家长要学会为孩子创造出这种环境，用以激发孩子的学习状态，提升其学习效率。以背诵古诗词为例，当孩子在学习如下诗时，可以为孩子设置几类问题去调动他的状态，加深他的记忆。

《归园田居·其三》

【魏晋】陶渊明

种豆南山下，草盛豆苗稀。
晨兴理荒秽，带月荷锄归。
道狭草木长，夕露沾我衣。
衣沾不足惜，但使愿无违。

题型一（口头）：“带月荷锄归”的上一句是什么？道狭____长？____沾我衣？

如此，便可以激发孩子的答对欲望。即使答错了也没关系，让孩子再翻书，当他再想到你的问题时，答案自然就出来了，背诵效果也更好。

题型二（书面）：请你描述诗中所描写的画面（150字左右）。

通过这类题型，孩子就可以在脑海中想象出具体的画面，从而加深对诗的印象。当问起“带月荷锄归”的上一句是什么时，孩子也不会从“种豆南山下”开始背起才能想到。

主动学习状态的进入和习惯的养成，不仅可以帮助孩子提升学习效率，还能培养意志力、专注力，实实在在地提升成绩。

四、废练为考，以考促忆，以忆成学

要点提示

考试可以促进记忆、理解，提升应用能力，同时也能及时发现学习上的问题。此外，考试还能够帮助孩子进入到主动学习的高效状态，将考试的形式贯穿学习过程是有效的做法，不过家长们需要转变自己的观念。

说到考试，孩子会感到兴奋，还是会感到压力和害怕呢？笔者想，可能后者居多一点。

当平时的练习变成考试之后，家长们也需要转变自己的观念，重新看待考试这一行为。除了中高考，大部分的考试都是为了查漏补缺、促进学习进步的，但是实际上我们却非常重视每一次考试的成绩，这一观念需要有所改变。

考试能够帮孩子强化学习内容，巩固所学知识，它调整了孩子已经学会的内容，让这些知识在大脑中重新组织了一遍。在具体的考试过程之中，孩子也可以从考试中获得新知，原本不理解的知识又变得清晰了起来。而考试本身又属于高强度的回忆，回忆有助于长期记忆，有规律、有针对性的考试能够加强对特定知识的理解和记忆。

让我们重新梳理考试、记忆、理解的关系。在科举考试时代，应试者需要先背诵古圣先贤的作品，再加以自己的理解，最后去参加科举考试，形成自己的文章。近代教育中，提高了对数理学科的重视程度，应试者需要先去理解基本原理，然后记住重要结论或公式，再运用这些知识去参加考试。而我们的理念是：记忆、理解、考试三者是相互融合的，在考试中可以去记忆、理解；记忆时，依赖考试的形式去加深印象与理解；理解时，通过考试练习去实践并运用记忆的知识去完成解题。我们称这种学习新模式为“废练为考，以考促忆，以忆成学”。

那么，你是否赞同如下说法呢？

✧ 考试不是纯粹为了检测，也是为了帮助记忆。

✧ 大脑对信息的组织和记忆，需要重复来完成。但平时的重复效率低、注意力不集中，要是能多几次考试就很好。

✧ 考试也是把所记忆的内容有组织地写出来，把理解的内容表达出来的一种方式。

✧ 中学阶段的很多内容都靠记忆、理解、运用，考试可以达到记忆的目的，也能促进理解和运用。

✧ 记忆是理解和运用的基础，考试的形式是被验证过的有效的学习形式。

考试作为调动学习状态、查漏补缺、帮助记忆和理解的工具，其组织内容和形式显得尤为重要。考试的内容应与当时所学知识有较大的重叠，且能够尽量覆盖所有正在学习的知识点。考试的频率应当高一些，方便孩子培养长期习惯、及时发现问题，并应当有参考答案，最好能对比其他同学的答题情况来客观地检验自己的学习情况。

为了帮助孩子常考试、多学习，家长可以考虑建立这样的习题集——所有习题所对应的知识点覆盖了教学目标要求的知识点，这样的习题集我们定义为全知识点覆盖习题集。把此习题集用于孩子的日常考试，从而达到主动学习的目标。而全知识点覆盖习题集可能不止一个，我们需要找到的最佳目标是题量尽可能少的习题集。当然，针对不同学生的水准，自然有必要设置不同难度的全知识点覆盖习题集。如果家长朋友觉得这件事难以做到，不妨阅读后文的内容，我们会推荐相应的落地实操方法或解决方案。

落地与实操方法：费曼学习法

① 方法介绍

要想掌握一个知识点，最好的办法就是把它讲出来，讲给那些对此不了解的人听，当给他们讲明白的时候，讲述者自己也就懂了，这就是费曼学习法。前文也提到，教给别人是最高效的主动学习方法，它最能调动学习状态，帮助讲述者留存最多的知识。除此之外，发挥主观能动性地做笔记、预习时给自己设问等都是正确的主动学习方法。

② 操作步骤

首先，可由家长指定或孩子自主选择某一知识点，让孩子搜集资料并完全了解关于此知识点的相关概念。

其次，家长需要为孩子准备好讲述环境，如小黑板、草稿纸等，以便让孩子以老师的身份为家长讲述知识点。

再次，让孩子先试着当着家长的面讲述知识点。孩子在这个过程中肯定会卡壳或表述不完善，这时候需要家长提醒孩子进行针对性的复习，直到能够完全表述出来。有相关知识储备的家长还可以对关键知识进行提问。

最后，改善不通畅的地方并用简练通俗的语言表达该知识点。如果条件允许，还可以录制成小视频发布到相关平台。

③ 举例说明

张天天想把“降雨”这一自然现象有关的知识讲述给父母听。她搜集了相关资料，了解到与“降雨”相关联的知识有很多：水的蒸发、水滴的凝结……

张天天开始了第一次讲解，她是这么表述的：“由于受到太阳光的照射，地面的水蒸发到了天上……”妈妈连忙打断她，问道：“为什么有太阳光的照射，水就能蒸发到天上了呢？”于是，张天天又开始查资料学习，发现吸热是加速水蒸发的条件，表述就变成了：“由于受到太阳光的照射，地面上的水温度升高，快速变成水蒸气，而水蒸发密度小比较轻，所以就能到天上形成云……”妈妈又开始提醒道：“水蒸气应该是受到浮力的作用才会飞上天的吧！”张天天点头，继续说：“空气中的水蒸气到了天上，遇冷便凝结成了小水滴，从而变成了雨。”说到这里，张天天也犯迷糊了，第一个疑问是为什么天上的温度要比地面的温度冷？第二个问题是为什么水蒸气没遇冷的时候好好的，遇冷就会形成小水滴呢？带着这两个问题，张天天继续查阅了资料，形成了最终的表述内容，终于完成了讲述。

张天天的妈妈一方面扮演了不懂就问的角色，另一方面又扮演了指出关键知识点的角色，而张天天本人在讲述的过程中发现了自己还有不理解的知识，于是继续探究下去，最后完成了精彩的讲述。在这个过程中，张天天进入了主动学习的状态，掌握了系统的知识，对此知识的印象也得到了加深。

第二章

自主探索式学习

一、思想准备

要点提示

家长要认识到孩子既要完成学校安排的任务和作业，也要有自己主动的规划与安排，同时要刻意避免填鸭式的教育方式，尽早做出思想准备。

有些家长和老师常常会拿“别人家的孩子”“别班的优秀学生”来说教，试图为孩子找一个学习榜样，期待他去效仿。别的孩子是有一定的优秀之处，所以才入了他们的“法眼”，例如没有人监督时也认真学习、能及时完成作业、不玩游戏只爱学习……总之，就是希望孩子能按照他们想的去做。一旦孩子把大人的预期当成自己追求的目标，就会做出迎合家长和老师的举动，比方说完成了今天的作业，就不再去复习前天的课程，因为老师没要求复习；完成了主科学业任务就可以忽略体育、美术、音乐等，因为爸妈只关注考试成绩；假期时，写完了作业就可以“放飞”自我——打游戏、刷视频、熬夜，因为已经没有其他任务了。对于这些孩子来说，他们的学习和生活就像是为了完成家长和老师的任务一样，长此以往，他们将丧失自己的动力和欲望。

其实，这些都怪不得老师和家长，甚至都怪不得孩子。老师为了最大限度地平衡所有同学的情况，只能采取标准化教学、统一化作业，因材施教的空间不大。家长并非专业的教育人员，难以在孩子的学业上全面管理，只能以学校的教学要求为主。而孩子虽然清楚自身的状况，但由于他们会受到老师和家长的要求，自主性和主观性有待提高。孩子若是不能在学习上主动思考、自主规划，就会被学校的教学和家长的期待所束缚，而原本高效的教学也会变成填鸭式的教育。作为家长，有必要刻意锻炼孩子的自主性，让他主动参与自己的学习。

问题剖析

填鸭式的教育模式最初诞生在工厂，旨在培养听话顺从、按部就班、不能出错、不会抱怨的廉价劳工。而填鸭是指在鸭子生长的关键时期，把饲料从鸭嘴填进去并减少鸭子的运动量，从而使鸭子快速增加重量的方法。如果采取填鸭式教育的方式，那么孩子的自主思考能力将被大大削弱。填鸭式的学习是指学生在先进、标准的教学理念和管理下，一味地接受知识而不去消化思考，以学习任务为导向而不是以学习效果为导向的一种学习方式。

填鸭式学习有很多弊端。首先，它会割裂知识结构，降低学习兴趣。孩子单纯为了分数而学习，不是抱着解决问题的态度，而是把枯燥无味的知识塞进脑中，不与实践和问题相结合。这使得孩子学习时味同嚼蜡，记了一堆“死”知识。其次，它会禁锢学生的思维，让学生失去了自主思考的能力。学生一旦缺少了外界的规划和安排，将变得无所适从。这也是许多孩子在寒暑假期间无法有效利用时间去学习的原因。孩子一旦脱离了被管教的情景，离开了规划满满的老师，会很容易丧失追求与目标。最后，它还会扼杀学生的创造力。学生在学习时，需要对问题深入思考，循着兴趣出发而深究才能产生创造的火花，如若只是完成任务，难免会浅尝辄止。而学习与考试都是需要发挥创造力的，不能改变填鸭式学习方法，必将给学习和考试带来困难。

为了让孩子主动参与自己的学习，家长朋友们首先要认识到如下几点：

✧ 孩子既要完成学校安排的被动学习任务，也要有自己主动的学习规划。

✧ 学校老师为了照顾到所有学生，会平衡一下教学内容和进度、作业难度和数量。针对自身的不同情况，孩子需要给自己开小灶。

✧ 被动填鸭式学习顶多让孩子成为一个中等生，孩子想要在学习上有所突破，必须自己主动探索未知。

有了这些思想准备，就可以为孩子开启主动学习和自主探索式学习之路了。

二、主动学习的第二层境界

要点提示

前面所说的通过考试进入主动学习的状态，只是战术上的单次策略，要想孩子长期主动学习，还需要从孩子参与制订学习计划、使用高效学习工具、增强学习的兴趣三个方面着手。

前面我们提到，主动学习就是要调动状态，以考试的形式维持高效的学习过程。然而，这只是主动学习的第一层境界，孩子仅能在单次学习中把握学习状态，是战术性的主动学习。主动学习的第二层境界是孩子长期维持自主探索的精神，这是战略性的。长期的主动学习就是要有规划地学习，在一次次主动学习中培养进入状态的习惯，同时也做好对自己学业全方面的规划。

对于家长而言，为了让孩子更好地进入主动学习的第二层境界，可从孩子参与制订学习计划、使用高效学习工具、增强学习的兴趣三个方面把握，最终让孩子能主动积极地投入到自己的学习中，做学习的主人。

1.孩子参与制订学习计划

当你想给孩子制订一天、一周、暑假等周期内的学习计划时，你会怎么做呢？是放任孩子自己制订计划或把自己的计划强加给孩子，还是与孩子共同制订学习计划呢？显然，让孩子参与制订学习计划并由家长把关是最合适的。孩子最了解自己的学习状况，而家长却有较强的监督力、执行力和大局观，两者结合是最优的策略。

不过，家长在配合孩子制订学习计划时，应当注意孩子的内驱力和价值感。内驱力是指孩子的自愿参与性，价值感在于孩子做事的成就感和来自别人的认同。

案例分析

暑假期间，刚上幼儿园的小侄女来家里住上一段时间。有一天我打算把家里好好打扫一番，于是便笑着邀请小侄女一起加入我的大扫除计划："丹丹，你跟我一起打扫卫生吧！"小家伙撇撇嘴，满脸不情愿的样子，说："才不要呢，我要去看电视。"过了十分钟，她跑过来，好奇地看着我使用旋转甩水拖把，问道："为什么这样就能把水甩干净呢？"我又给她示范了一遍。"哇，真好玩呀，我也想试试。"于是，我把拖把交给了她，同时表达了对她的肯定。小侄女马上用这个拖把拖地、冲洗、甩水，这个拖把成功激起了小侄女打扫的欲望。她开始参与到我的打扫活动中，不一会儿，我俩就把家里打扫得干干净净。小侄女躺在干净的地板上，很惬意地享受着她的劳动成果，并和我约定下一次的打扫计划。

一开始我让小侄女一起打扫卫生，这个动力来源于我的要求，是一种外在的力量驱使，所以她选择拒绝我的要求。后来她主动要求参与打扫，这个动力来源于她参与进来并且从中发现了乐趣，获得了成就感，是一种内在的动力。在这种内在动力驱使下，她想继续下去，主动要求参与下一次的打扫活动。其实，“我让你做”到“我想要做”之间只差了一个“内驱力”。小侄女得到了我的认可，看到了劳动的成果，这也是她价值感的来源，在此驱使下，她更愿意帮着我完成后期的打扫工作。

如果你的孩子在准备钢琴考级，你给他讲考级的时间计划时，他可能提不起兴致，如果跟他说：“妈妈想听你弹肖邦的《幻想即兴曲》（十级曲目），我之前听别人演奏，都有种轻灵飘逸的感觉，妈妈很期待今年年底你弹给我听呢！”孩子没准会主动地跟你商量这个月的钢琴练习计划，因为他找到了做这件事的内驱力和价值感。同样，在学习上，如果孩子暑期刚好在自学物理中的“三态转化”，你就可以让孩子给爷爷解释为什么冬天窗户上会结冰花、为什么“霜前冷，雪后寒”。这样，他的积极性、内驱力和价值感都会被调动起来，这时候再顺势和他商量学习的计划就会事半功倍。

2.使用高效学习工具

有了完备的学习计划，下一步就要去具体落实。然而，不同学科、不同学习内容、不同学习阶段、不同掌握程度的知识都需要全面规划，这对于孩子而言确实有些难度。我们推荐使用一些高效的学习工具，以便孩子能够随时随地、有计划、有目的地学习。

第一，教材配套类App，例如“新概念英语”。这类软件相当于电子课本，特别是对于英语学科而言，更能提供丰富的听力、读写等功能。孩子可以在等公交车、晚上睡觉前等零碎时间使用，且章节目录均有呈现，可供孩子自主选择要学习的内容。

第二，笔记记录类App，例如“印象笔记”“Pendo笔记”。这类软件属于记录与规划工具，可以随时随地记录内容，或通过路径规划把学习的计划步骤整理出来，方便按部就班地逐一完成。

第三，专注类App，例如“番茄ToDo”。这类软件可以自定义专注时间段时钟，设定学习和休息时长、循环次数等，还可以定时锁机，能够在指定时间内牢牢锁住手机，使孩子在努力学习的同时，避免受到手机的干扰。

第四，自制记忆工具，例如“记忆卡片箱”。家长可以为孩子准备四个纸盒子，贴上“初学”“三天”“每周”“每月”的标签。当孩子初次学习某知识时，可将写有该知识点的卡片放在“初学”的盒子里，需每日学习、复习；当掌握“初学”知识后，可将相关卡片放入“三天”盒子中，每三天复习一次；当牢固掌握“三天”盒子中的知识后，将相关卡片放入“每周”盒子，每周复习，以此类推。

3.增强学习的兴趣

托尔斯泰说，成功的教学所需要的不是强制，而是激发学生的兴趣。兴趣是学习最好的老师，心理学研究也表明，学习兴趣的水平能对学习效果产生很大影响。学习兴趣浓厚，情绪高涨，孩子就会深入地、兴致勃勃地学习相关方面的知识，并且广泛地涉猎与之有关的知识，遇到困难时表现出顽强的钻研精神。否则，孩子只是表面地、形式地去掌握所学的知识，遇到困难时往往会丧失信心，不能坚持学习。所谓“强扭的瓜不甜”就是这个道理。因此，要促进孩子主动学习，就必须激发和培养孩子的学习兴趣。

然而，学习兴趣是与任务难度密切相关的，难度太高或难度太低都不会让孩子产生兴趣，图2展示了挑战难度与自身技能变化时，孩子心态的变化。例如，初一的孩子去做十以内的加减法会觉得无聊，甚至对此学习任务产生轻视和抵触的情绪；初三的孩子去学习微积分，会感到无所适从，甚至有焦躁、忧虑的情绪。这两种情况都不利于产生学习兴趣。只有当学习任务的挑战难度与孩子所拥有的技能相匹配的时候，孩子才会产生心流，从而产生学习兴趣。

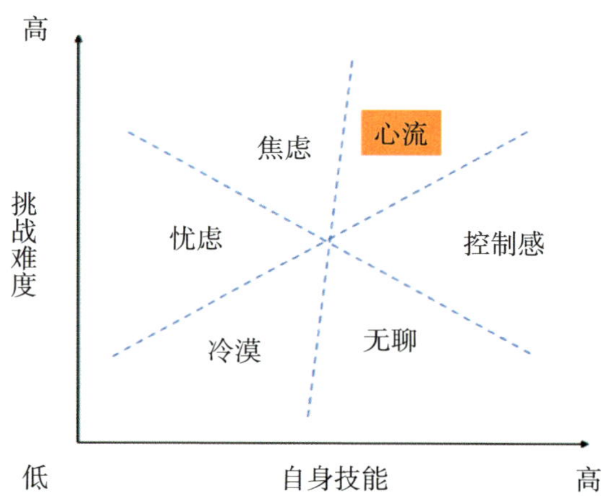

图2　不同挑战难度和自身技能下的心态示意图

家长如果要培养孩子对某件事的兴趣，可从两方面着手：一是有意识地提升孩子的专项技能，二是降低任务和挑战的难度。专项技能的培养，有赖于不断地尝试，在适当难度的任务中持续地强化技能。以学习为例，如果以考试为结果导向，就需要多次模拟正式的考试，才能在真正的考试中如履平地，这就是所谓的“平时练习当考试，考试才能当练习”。若家长对孩子有其他兴趣和技能的期待，就需要在平时刻意地培养。

实用工具

如果在实际操作过程中，你发现孩子对相关任务表现出焦躁、无奈的情绪，这可能是因为该任务难度太高了。如何降低孩子的任务和挑战难度也是家长应当关心的问题，可从“度”“量”“质”“变”四个字去把握，表2给出了降低任务难度策略及其举例。

表2　降低任务难度策略及其举例

孩子原来的任务和挑战	降低难度的策略	改变后的任务和挑战
努力提升数学成绩，期末考试时名列前茅	“度”	期末考试数学130分或考班级前10名
3个月内背1000个单词	“量”	每天背8个单词，坚持3个月，共背720个单词
每天跑步2km	“质”	打篮球并带球跑
少看电视、少打游戏	“变”	把看电视和打游戏的时间腾出来去郊游

“度”策略指的是需要将抽象的任务用数字描述清楚，并改变其难度；“量”策略是指细化任务的数量要求，并改变任务的总量；“质”策略是指保持任务的核心不变，将任务改成其他的形式，使任务更具有实施性或兴趣性；“变”策略说的是变通任务，最终以间接、迂回的方式达到目的。

不过需要特别注意的是，有时候孩子会觉得挑战太简单了，从而影响积极性，家长应为孩子适当增加挑战的难度。那么请你列出一项孩子认为简单的任务，并运用“度”“量”“质”“变”四种方法中的任意一种去增加任务的难度。

孩子认为的简单任务：________________________________

调整策略：______________________________

调整后的任务：__________________________

三、建立孩子的知识体系和学习域

要点提示

知识体系的有效构建是学习新知识的必要条件，家长帮孩子搭建知识体系的同时要格外重视孩子的学习域。在管控好孩子学习过程和态度的前提下，家长可以适当放松，让孩子的自主性得到发挥。

一台功能正常的电脑，可以安装任何想用的新软件，也可以存储不同格式的数据资料。电脑之所以能做到这样，是因为它有着强大的软硬件系统，更有系统化的功能，可以对数据进行结构化的处理以便将来随时调用。

人类要想高效地学习，必须像电脑一样拥有系统化的能力，再建立新旧知识的联系，最后把新知识内化到自己的知识体系之中。一台系统陈旧的老电脑，因为无法兼容新软件，从而逐渐被淘汰。孩子在学习时，如果无法将新知识与其自身的知识体系联系起来，也会出现“不兼容”的状态，从而导致学习新知识的效果不佳。图3给出了学习新知识的过程：先将已有知识与新知识建立联系，再将新知识转化为自身的知识。

只有将新知识与已有知识体系建立联系，才可以把新知识吸纳到自己的知识体系中去。也就是说，已有知识越丰富，就越容易与新知识之间建立联系，从而形成良性循环。

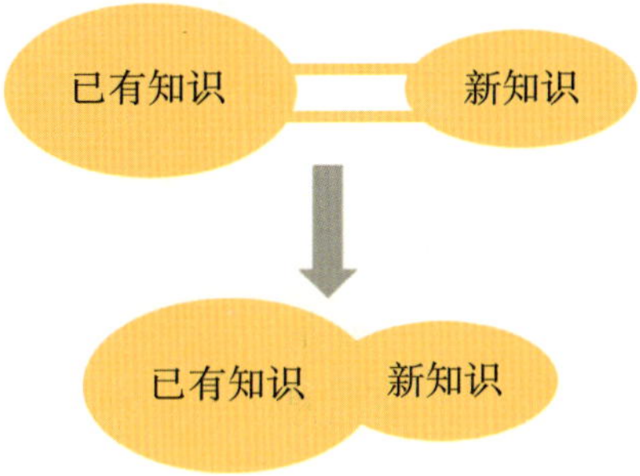

图3　学习新知识的过程示意图

问题剖析

完全掌握知识，必须得建立牢固的心理表征。那么，什么是心理表征呢？心理表征就是信息在大脑中的呈现方式。比如，一看到蒙娜丽莎四个字，脑海里浮现出那幅油画；一想到相对论，首先联想到爱因斯坦（假设你对相对论本身不是很了解）；一听到狗，立马想起了相关特征——长着毛、四条腿、吃骨头。

为什么一听到狗，人们就立马想起相关特征呢？因为心理表征存储在我们的长期记忆区，一听到“狗”这个字，大脑会自动从长期记忆区里提取与狗相关的信息，进入思考空间——工作记忆区。当孩子在做英语阅读题时，碰到了一个似曾相识的单词，他搜肠刮肚，才想起来是什么意思，这就说明心理表征不牢固。而心理表征是可以加强的，家长需要帮助孩子训练。加强心理表征的方法有三种：

第一，努力扩展知识，学习未知领域。这是孩子每天都在做的事，但特别需要注意针对孩子似懂非懂的知识，刨根问底，一探究竟。例如，前面提到的“相对论”概念，大家都听说过，但不明白其中的内涵，就很难建立心理表征，如能带着兴趣去了解、理解这个概念的本质和来龙去脉，待熟悉此知识后就可以随时调用。

第二，增强提取强度，将知识变成长期记忆。科学家发现，提取强度会随着提取的次数增多而提升，同时提取越困难，提取强度的增值就越高。所以可让孩子经常复习巩固知识，有条件的情况下让孩子多讲讲他的所学和收获。

第三，通过实践，加强知识之间的联系。现在思考一下花的种类，看看你能说出多少种。你可能会说，这有什么难的：丁香、牡丹、玫瑰、月季、腊梅……但是你发现越往下，你思考的时间就越长，越说不出来。那么再换一个问题，请说一说西红柿炒鸡蛋怎么做。你可能想都不用想，就直接脱口而出：准备食材、洗菜切菜、爆锅开炒……为什么会这样？因为前者大脑索引的是一个点的信息，后者索引的是一整个结构、一整套流程、一整张知识网。如果能将孩子学习的知识通过某张网连接起来，必然会加强孩子的记忆力和心理表征能力。

无论是心理表征还是新旧知识的联系，都是知识在大脑中呈现方式的体现，学习过程中需要建立必要的知识结构体系。作为家长，除了关注到孩子的知识体系，还应帮助孩子建立学习域。

孩子的学习域是指目前正在学习的领域，它可以是学科维度的、进度维度的，还可以是课外书、兴趣爱好等，总之，要建立起健康的学习域。

从学习角度上来看，健康的学习域是不偏科的、紧跟学校进度的、有自己“小灶”空间的。保证孩子及时复习所学内容、及时更正所错题目也是建立学习域的方式。家长在了解孩子学习情况时，要经常反思如下几个问题，以判断孩子是否在正确的学习域内：

✧ 所有科目的作业均已完成，当日、当周的课业疑问都得到了解决，错题也得到了订正。

✧ 文化课和音体美课都有所收获，没有明显偏科，长期发展的兴趣爱好也能够坚持下来。

✧ 热爱阅读，畅读中外名著，同时孩子关注科普知识和新闻，能思考、会分享、常记录。

✧ 孩子有正确的价值观，在体育锻炼、家务劳动、学业学习中逐渐培养出良好的习惯，能专注做事、不屈不挠、乐观向上。

✧ 家庭关系和睦，亲子沟通顺畅。

建立孩子的学习域时，最好能让孩子参与其中，自己制订学习计划。学习计划可以是长期性规划，也可以是短期的学习方案。以复习为例，如果你的孩子正在准备复习初中阶段的知识以备战中考，最好的方式就是和他一起商量当周要复习的具体科目和章节。这么做主要出于几点考虑：孩子正处于叛逆期，你给他直接安排，他反而不做；孩子需要参与到自己的学习决策中，才能最有效地调动他的积极性；参与感和成就感会带来良性循环，有积极反馈的学习规划有助于孩子增加信心。

家长要给孩子的学习留下一定的空间，在一定限度内让他自己决定看什么书，什么时候（规定期限内）开始复习、做题，以及学习什么科目等。因为孩子一方面受到学校统一的管理约束，另一方面也会有自己的要求，家长没必要全盘操心。而不了解教育教学规律的家长只需要把握宏观进度和节奏，做好管控即可。

落地与实操方法：主动预习法

① 方法介绍

《礼记·中庸》中有句名言：“凡事预则立，不预则废。”学习也是如此。要想充分吸收课堂知识，就需要在课前有充足的准备，做好预习。想必不少人都有过这样的经历：最初数学课有个定义没听懂，之后的定理也跟不上听讲，老师给的随堂习题更无从下手，整个章节就完全搞不明白了。而预习的好处是在课前就厘清基本概念，明确听课的重点和难点，防止出现“一步跟不上，步步跟不上”的听课窘状。

提问有利于激发孩子主动学习的情绪，进而积极探索知识、制订学习计划。在预习时，掌握提问技能的学习者会多问自己几个为什么，用实际问题检验自己对知识点的理解，从而养成高效预习的习惯。

② 操作步骤

首先，预习最好在完成作业和复习之后进行。不同章节之间往往是有联系的，复习是凝练所学知识的理解过程，作业是巩固所学知识的实践过程，做好这两点后再学习新知识会更游刃有余。

其次，预习是弄懂简单知识、略读复杂内容，每科最好控制在20分钟左右。预习时间并不是越长越好，预习过久意味着作业和复习时间会被压缩，影响旧知识的巩固积累。预习的目的是搞懂基本概念、基本定理，学会所有知识点并不现实，课堂听讲才是理解复杂知识的最佳途径。

再次，边预习课本或学案边做标注，明确重点、难点，留下感想。“风过留声，雁过留痕”，预习不留下痕迹相当于没预习。简单勾画还不充分，最好用不同颜色的笔标注哪些是知识点、哪些是重点、哪些没有理解，并留下思考和感想以便上课时印证和对照。

最后，把知识点带入实际问题中，检验自己对基础知识的掌握程度。完成几道难度适宜的填空、选择或者简答题，不仅是对预习效果的检验，更让“飘在空中”的知识落到实处，还会对知识的运用更有感触。

③ 举例说明

在预习初中数学“一元二次方程”章节前，按照操作步骤，我们要完成老师布置的上个章节的作业，并通过学案、笔记等工具快速定位、浏览需要复习的内容，如解方程时会用到的因式分解等。

之后，设置好预习的时间，严格在规定时间内完成预习。明确要学的知识点（借助目录、学案），如一元二次方程的概念、方程的各种解法、根的判别式等，重点掌握概念和基础解法这些基本内容。如果感觉判别式那部分比较复杂，也要大概浏览相关定理和推导，用红笔记录下自己不懂的地方。

最后，要完成几个预习习题以加深对概念、定理的理解。比如，如果一个方程是一元二次方程，那么这个方程的二次项系数要满足什么条件。再比如，对于能因式分解的方程，要怎样去求解。

第三章

主动学习的维持

一、进步的通用公式

要点提示

进步是在一次次台阶式的跨越中完成的，当你适应了某个台阶对应难度的任务时，才能从这个任务中突破出来并迈向下一个台阶。这也需要我们勇于走出自己的“舒适区”，但走出“舒适区”的过程不是盲目的，它是有规划、有节奏的谋定后动。

考过C1驾照的家长朋友们都会有这样的认识：速度要和挡位相匹配。当速度没有提上来时就不能贸然提挡，汽车以20码的速度行驶就不可以挂到4挡上。如果速度与挡位不相匹配，出现高速低挡、低速高挡等现象，不仅会增加油耗，而且会给发动机和变速器带来损坏，对车辆造成不可逆的损害，所以汽车在行驶过程中必须保持挡位和速度相匹配。

现在把挡位当成我们要追求的目标，挡位越高，目标越宏大；把速度当成一次次努力，提升速度的过程也是努力的过程。当努力达到一定程度后（速度提上来了），就可以“升挡”，在该挡位维持稳定后，继续提速，而速度进一步提升后便可以再“升挡”。在“提速—升挡—提速—升挡”的过程中，我们实现了速度的提升，与此同时挡位也在跟着变化，对应的是我们付出努力后，逐步实现了各阶段的目标。

其实这也是进步的通用公式：要想达到较高的目标，就必须在较低目标上先维持稳定，持续发力，当积累到一定阶段后，便可冲刺较高目标从而达到不断进步的目的。以孩子学习二元一次方程组为例，只有孩子对求解未知数的概念了然于胸，才可以理解如何求解方程；只有孩子对求解一元一次方程熟练掌握后，才可以学习求解二元一次方程组。孩子在各个阶段持续学习的路径，就是知识积累和进步的过程。小到学习中的知识点，大到人生的每一个阶段性目标，都可以适用于这个道理：在某一状态达到稳定和熟练后，才可以挑战进入更高的状态。

经验之谈

舒适区是指自己习以为常、做起来毫不费力的领域；学习区是指做起来有些难度，但努力后勉强可以胜任的领域；恐慌区是指完全不在自己掌控内的领域。图4给出了舒适区、学习区和恐慌区的示意图，孩子在学习的过程中需要从舒适区向学习区迈进，进而扩展舒适区和学习区的范围。

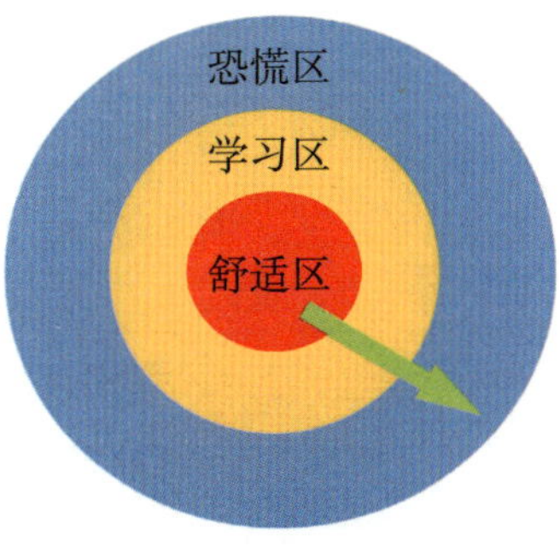

图4　舒适区、学习区、恐慌区示意图

进步的通用公式也是在变相地要求我们勇敢地向前走，突破自己的能力边界，在充分积累的基础上寻找下一阶段的挑战。简而言之，就是要不断走出自己的舒适区，扩大学习区，减小恐慌区。然而，这有一个重要的前提——你得先在舒适区内游刃有余。

著名纪录片《徒手攀岩》的主角，可以徒手成功攀爬一座几乎笔直陡峭的山峰。他曾经说过，人不是要勇敢跨出舒适区（对于徒手攀岩这项极限运动来说，过度冒险往往意味着受伤乃至死亡），而是要不断尝试努力拓展舒适区，循序渐进地积累，才可能取得成功。运动如是，生活和工作也是一样的道理。“舒适区”这个名词让人感觉仿佛待在里面会很舒服、很放松、很幸福一样，但实际上不是这么回事。刚开始待在舒适区确实可能让人感觉很安全、很舒心，但长年累月待在舒适区，只能让人深感禁锢束缚、压抑绝望。人的天性既渴望舒适区带来的安全、稳定、保障，又渴望不断拓展、突破舒适区，从而取得成长进步、发展变化；而过度沉迷于原先一成不变的舒适区，恰恰违背了人的这种天性。

努力拓展舒适区，而不是冒进跨出舒适区。量变堆积引发质变，而质变无法直接引发下一个质变，对于大多数普通人来说，只能阶梯式地努力渐悟，而不能快速地冒进顿悟。

对于主动学习这一理念来说，也是分不同阶段的。第一阶段是通过考试调动投入的状态，在反复试炼、形成习惯的基础上，再进入第二阶段——长期维持自主探索的精神，有规划感地学习。第二阶段是主动学习的战略布局，它不仅仅存在于每一次模拟考试的投入状态中，更要求孩子能够站在更高处看待自己的学业并合理规划。主动学习的第三阶段就是将高度投入、积极规划的状态维持下去，并将之固化成一种习惯。

二、让优秀成为一种习惯

要点提示

要培养好习惯，杜绝坏习惯，更要把优秀当成一种习惯，努力在生活和学习中追求卓越、做事做到极致。但保持优秀这件事不可钻牛角尖，如果孩子在打游戏方面追求卓越，那么尽管批评他好了。

亚里士多德说过：优秀是一种习惯。如果说人是习惯的动物，而习惯又主导我们的命运的话，那就让我们先养成好习惯，同时将优秀变成一种习惯，再让好习惯引导人生的旅程。

问题剖析

有一头骡子，自小就在磨房里拉磨，日复一日绕着石磨兜圈子，十几年如一日，勤勤恳恳。有一天，它终于老得再也拉不动石磨了。主人觉得它劳苦功高，决定把它放养到旷野之中，让它在绿草地上自由自在地度过余生。但这头骡子从来就没有享受过蓝天白云下的自在生活，它已经失去了作为动物融入大自然的天生本领。在如此宽阔的天地中，这头骡子唯一能做的就是在吃饱以后，绕着一棵树不断地兜圈子，直到最后死在这棵树下。

我们很多人，过着和这头骡子一样的生活。从小我们就养成了各种各样的习惯，并且被这些习惯所左右，不假思索地按照自己的习惯去做事情。有人说性格就是命运，其实习惯才是决定命运的关键。人是顺应自己的习惯活动的，就像物体会做惯性运动一样。人按照习惯生活有一种很舒适的感觉，而且这种感觉和生理上的舒适直接相关，有时明明知道这样下去对自己没有好处，却依然经不住诱惑继续下去。

人比骡子伟大之处在于我们是自觉的动物，我们是有意识的。当我们发现坏习惯是阻挡成功的拦路虎后，可以不遗余力地清除它们；当我们发现自己正像骡子一样在原地绕圈时，我们应该走向远方，坚信那里有不同的风景在等待着我们。

坏习惯会让人逐渐走向平庸。在学校里，只知道背诵答案却不知道如何独立思考的习惯，使我们失去了重要的创造能力；在工作中，只知道服从却不知道如何提出更好意见的习惯，使我们失去了很多发展机会。最后，在坏习惯的驱使下，人将变得平庸。

一方面，不可以任由孩子养成坏习惯；另一方面，应督促孩子把优秀作为一种习惯，盯着更高标准而不是及格标准。同样是一道题，有的孩子完全掌握了知识点可以作答，而有的孩子掌握了80%的知识也可以完成作答，那他们是同样优秀吗？如果这个题目再难上一点，后者可能就恰巧被这个难度卡住了，从而无法答对。从考试到生活，从学习到工作，都要求我们以优秀的姿态去迎接任何挑战，不可懈怠。如果孩子没有追求卓越、保持优秀的习惯，他便只会完成作业却不顾正确率，只会按时上下学却不管是否学到知识，只会完成家长和老师布置的任务却从不想自己要什么。

让优秀成为习惯的秘诀是：在绝大多数事情中都要追求极致。追求极致的结果就是让你把优秀变成习以为常，所以只要正常发挥，就处于优秀的行列。而同时，这种优秀是可以迁移到其他领域的。孩子在设计黑板报时追求极致，所写内容字字珠玑，这也会使得语文写作受益；孩子参加体育锻炼、勇于挑战、坚持不懈，这也会培养他的意志力，用于克服生活上的其他困难；孩子做手工、学画画时一丝不苟，会提升他的专注力，有助于更有效率地听课。所以，想要更上一层楼，必须要把能力所及，或者仅凭努力就能完成的事情，全都做到极致化。多年如一日的“高标准、严要求”，会锻造出一种近乎极致的卓越，这种卓越终将给孩子带来最丰厚的回馈。

但家长在要求孩子将优秀作为一种习惯时，应当明白，真正的追求极致、追求完美、保持优秀，并不意味着钻牛角尖，不是在一件永远不可能实现的事情上下苦功夫，而应该在一个能够预见前路的方向上追求极致。

胡适先生曾写过一篇趣文，叫《差不多先生传》，文章里虚构了一个叫“差不多先生”的人物，这位先生有一句名言：“凡事只要差不多，就好了，何必太精明呢?”而我们很多人身上都有这位“差不多先生”的影子，家长在培养孩子时，一定要摒弃“孩子这么培养就差不多了”“孩子自己成长也差不多”等错误思想，力求自身学习好家庭教育理论，将自己变得卓越，并保持优秀。

三、学业的“保养”

要点提示

车开久了需要经常保养，人学习久了也需要经常“保养”。维持好状态和好习惯离不开短期性的激励机制和长期性的调节策略。我们也给家长朋友们普及一种提升效率、保持状态的工具——番茄工作法。

高效的自主学习状态和保持优秀的习惯固然很好，但不是每个人都能坚持下去的，因此要经常“保养”孩子的学业过程。集中注意力和持之以恒的努力在短期上来看，靠的是奖励机制，而从长期上来看，却需要依赖一定的策略。

短期性的专注与习惯可以通过改变奖励机制去完成。举个例子，孩子嗑瓜子吃到口干舌燥也不会停下，两颊发酸可还是津津有味，但学习一小时就觉得疲乏不堪，无法集中注意力，这两者之间的区别在于一个延迟奖励机制。嗑瓜子时敲开了硬壳，便立刻吃到了果仁；看书学习或写作业时，只是觉得手发酸、头晕目眩，并没有意识到自己知识水平的提升。相比之下，及时的效果反馈会让人更加投入。前面说到，孩子以考试的形式学习，可投入更多的注意力，也是因为考试的形式会给予所学知识最快速的反馈。如果加速反馈流程，让孩子在提交作业后及时查看到自己的学情，孩子学习时也会表现得更加专注。目前，已经有不少学校在使用“绿色智慧墨水屏”设备，学生提交作业后，会立刻得到学习系统后台的反馈和老师的批改反馈。这一举措大大压缩了学习知识的周期，提升了学习效率，也使得学生能更加投入地进入主动学习的状态中。

长期性的专注与习惯却是需要一定策略去维持的，一言以蔽之，就是切换学习内容，以便让负责不同任务的脑区轮流得到休息。学习时，每门学科都能使人的头脑产生不同的反应及不同程度的思考，而由于人和人之间的差异，每个人也都有自己喜爱的学科和感到头疼的科目。因此，在安排学习计划时，要尽量避免在同一天内安排两门或两门以上令人头疼的学科。并且，这些科目的学习时间应尽量安排在大脑最活跃的时候，这样才能增进效率。学校的课程安排也体现了这一点，大家都知道，没有哪个学校是先集中上完一门功课，再去上另一门功课的。即使是一周之内，英语、政治、数学……也是按一定的时间每天搭配好了的。你知道这是为什么吗？心理学家的答案是，假定要重复练习某个作业20次，若在一天内持续20次反复练习，可能每次平均要花费30分钟，而且重复的练习会造成心理上的压力，引起情绪波动，降低学习效果。若每天练习两次，分成10天完成，那么每次所花的时间只需20分钟，效果也会更好。

实用工具

番茄工作法是一种时间管理方法，在制定了一系列待完成的任务后，可通过这种方法来高效地完成任务。番茄工作法需要设置番茄时间，取一个时间段，每段25分钟，在此期间内专注工作，中间不能做任何与该任务无关的事，直到25分钟结束。一个小任务完成后，就可以休息5分钟。如果连续完成4个任务，也可以选择多休息一会儿。图5给出了4个任务的番茄工作法流程示意图。

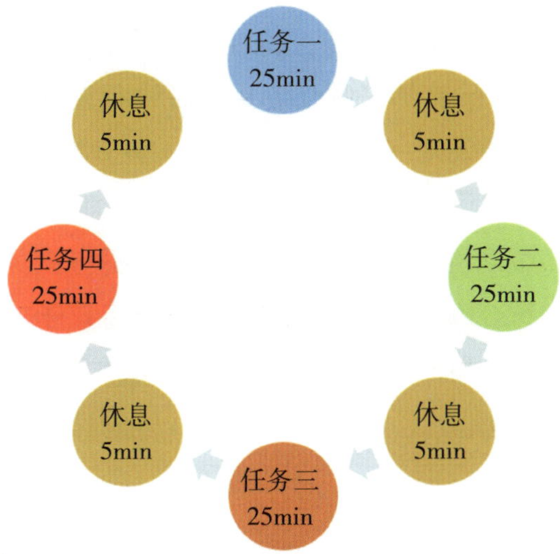

图5　番茄工作法流程示意图

实施番茄工作法的流程如下：

（1）先整理今日需要完成的任务，按照任务的重要程度和紧急程度来安排时间，做好计划。

（2）设定子任务的时间。人类正常注意力大约能坚持40分钟，25分钟专注是比较容易做到的，可以提升专注力。

（3）专注做事。要在番茄时间内要保持专注、心无旁骛，不能转而去做其他事情。

(4) 子任务后的休息。到25分钟时，应停止当前的工作或者任务，进入休息状态。

(5) 每4个番茄时间过后，就要有一个15~30分钟的大休息，这样就完成了番茄工作法的大循环。

让孩子使用番茄工作法时，需要注意的事项有：

✧ 番茄时间的25分钟不是固定的，可根据自己的情况来安排。

✧ 一个番茄时间不可拆分，不能有半个或一个半番茄时间。

✧ 杜绝在番茄时间内做与任务无关的事情。

✧ 即使有任务在番茄时间内没完成也不要紧，就当成是考试时结束铃响了，需要交卷。待孩子熟练安排任务后，再进行改进。

✧ 家长可以给孩子设定一定的奖励规则，例如每完成多少个番茄时间就会奖励什么样的东西。

家长除了注意短期性和长期性的问题外，还应该关注孩子的全面发展，并善于利用体育、美术、音乐等副科去维持孩子的兴趣和热情。其实，这些并不会耽误时间，反而会提升孩子的基本素养和能力，这种素养和能力也会迁移到其他地方，最终一定会提升他的学习。

四、学习的大格局

要点提示

有大格局才能做大事业，学习上有大格局才可以走得更远。可从立志、分享、看待自己的进步这三个角度来思考。

俗话说，站得高才能望得远。望得远才会让人清晰地知道下一步的路该怎么走，才会使人在漫漫的道路中不迷失方向。对于学习而言，也需要站在一定的高度去审视。拥有大格局，将会有源源不断的动力和正确的指引方向，这是支撑长期主动学习的基础。

1.立大志，立长志

立志是学习动力的源泉。微生物学家、化学家巴斯德曾说："立志、工作、成功是人类活动的三大要素。"作为父母，应该帮孩子树立远大志向，逐步培养坚毅的品质。孩子有了远大的志向抱负，就有力争上游、奋斗成才的强大动力，必然会刻苦学习并争取到优异的成绩。

父母帮孩子立志，最好的办法就是多讲讲古今名人的故事，让孩子从古圣先贤的身上学习优秀的品质。父母帮孩子立志，还可以从孩子喜闻乐见的英雄偶像着手。例如，当孩子做作业开始烦躁的时候，你可以温柔地提醒他，如果你是《魁拔》电影里的蛮吉，你会跟他一样刻苦坚持、永不放弃吗？

人一定要立定志向，而且要从小立志才会有成就。据传，范仲淹先生在小时候，遇到一个算命先生，就问他："请你看看我的命，以后可不可以当宰相?"算命先生从未遇过口气这样大的小孩，就跟他说："你的口气未免太大了!"范仲淹有点不好意思，接着又问算命先生："那你帮我看看，我能不能当大夫?"这位算命先生很好奇，为何两个志向差别这么大?范仲淹回答："唯有良相、良医可以救人。"良相可以救一国的人；良医可以救一个人的生命，这可能会改变了一个家的命运。算命先生听完以后很感动，因为范仲淹心心念念都是要救人，所以他跟范仲淹说："你有这样一颗心，就是真正的宰相之心，你以后一定会当宰相。"这位算命先生也很懂得鼓励孩子，后来范仲淹真的当了宰相。我们思考一下，范仲淹年轻的时候，念四书五经是要念出什么？是要念出修身、齐家、治国的方法。而其他读书人是要念出什么？是要念出功名利禄。所以他们对于书本的领会有相当大的差别。范仲淹这样念了十年、二十年，他写出来的文章一定是铿锵有力、忧国忧民、针砭时弊的，所以他才能顺利地在仕途中步步高升。

2.注重同学间的交流与分享

班级授课制最大的优势就是同学之间可以互相交流、互相切磋，在切磋交流中互相促进。孩子在给同学讲解疑难问题时，其实也在整理自己的思路，训练自己的思维能力，每讲一遍，思路就清晰一遍。不要小看这种切磋交流，它使我们的认知多了好几条渠道，一个班的学生各有所长，相互取长补短、共同进步，就能取得事半功倍的效果。

同时，比较多地跟同学交流也是培养开朗性格的一种重要途径。人都有思维阻塞不通的时候，这时候就会产生不合理的认知，最需要了解自己的人来开导。当我们将自己的苦处、难处、不通之处讲给朋友听，这本身就可以减轻内心的压抑感，同时会得到朋友真诚的开导和安慰，以纠正我们认知上的偏差，我们就能很快地走上正轨。相反，不愿意跟别人分享学习成果，不注重跟别人进行真诚交流的同学，在自己认知出现偏差的时候就很难得到朋友的开导和安慰，从而使偏差越来越大，甚至还会产生悲剧结果。

3. 只与自己比较

学生常常会犯的一个错误是非常在意自己在班级里的排名，甚至担心同学的名次超过自己，而有意识地不将自己的学习经验告诉同学。其实，在认知能力较高的人看来，班级里的排名只有参考意义。因为我们到学校里是学习知识，既然是学习知识，当然只跟自己比较才有意义，也就是说今天的我比昨天的我是不是进步了。别人进步的快慢跟我们几乎没有关系，影响不到我们未来的前程。因而阻碍别人进步不仅对自己于事无补，还会拉低自己所在群体的平均值，以至于未来有可能影响到自己的高度。

从长远来看，最终的考试——高考，采用的是全省排名。如果班级上的同学学习都很好，即便班上的40多名同学都排在了你的前面，你仍然可以处于全省前列。而在那些认知能力较低的孩子眼中，就只有自己的小世界——班级，班级排名就是他们的全部，甚至有些家长也是这样认为的，只要班级名次下降，那就一定是退步，这是非常可笑的。所以对他们来说，这是零和博弈，每甩下一个人，就意味着自己向前进步了一名，这种想法很不可取。但在现实中，很多人会犯这样的错误，因为他们的世界就只有这么大，所以也只看得了这么远。格局太小会导致我们出现不合理的认知。由于格局太小，只关心名次和分数，就会忽略自己知识水平，忽略整体素养的提高，渐渐将自己异化为一个得分的机器。于是不合理的认知就产生了："为什么我比他考的分数高，却得不到同学们的认同和欢迎""为什么我平时的分数比他高，却在大考中失误"，问题就出在格局上。拥有较高认知层次的人，他们的着眼点根本不会在分数和名次，他们清楚自己的追求，注重自己的知识体系和修养层次，知道自己哪一部分修养还不够，能力还欠缺，该向谁学习，每一刻应该做什么，能起到什么作用。至于分数和名次，仅仅是一个参考。他们看的不是分数，而是分数背后的内容。有这样清醒的认知，怎么会不做出理性的行为呢？

落地与实操方法：学习切换法

① 方法介绍

主动学习的状态想要维持下去是件不容易的事，即使采用番茄工作法，也会对某些科目和学习内容感到枯燥，难以做到专心投入。学习切换法就是通过学习不同科目、相同科目的不同环节让大脑得到变相休息。研究表明，学习的三大环节（预习、正式学习和复习）是紧密联系的，但它们调动的脑区各不相同，如果能将三个环节穿插开来，就可以让不同的脑区轮流休息，这就是学习切换法。

② 操作步骤

第一，准备好空白纸，或用电子表格，确定好要学习的科目，并将其列到表格的顶端。

第二，分别在下方列出预习、正式学习、复习三行，对应到不同的科目中。

第三，在表格的横纵交叉处确定要学习的具体内容。

第四，按照一定的顺序执行学习计划，注意学科的搭配性和环节的先后顺序。也可按照番茄工作法来执行。

③ 举例说明

花花想要以主动学习的状态完成周六上午的学习，她考虑到上午状态较好，于是安排了数学、英语和物理三门功课，并列出原始计划表，如表3所示。

表3　原始计划表

环节	数学	英语	物理
预习			
正式学习			
复习			

花花思考了最近所学的内容，根据学习的具体情况，对表格进行了完善，详见表4。

表4　改进后的计划表

环节	数学	英语	物理
预习	反比例函数定义 反比例函数求解	定冠词的用法	物质的三态
正式学习	无	上网课	升华与凝华 蒸发与液化
复习	带参数的一元 一次方程求解	英语作文 书信的写法	无

花花确定好学习内容后，运用学习切换法将学习的具体内容打乱，并按照字母表的顺序执行。10：00—10：30之间要

上网课，所以她把这段时间单独腾出来，其他的学习内容则按照番茄工作法执行。但由于学习内容的时间不确定，所以她并没有严格规定每个学习任务的时间。改进后的学习内容和计划列在了表5中，花花将此表作为最终的计划表，并开始落地执行。

表5　最终计划表

环节＼科目	数学	英语	物理
预习	c. 反比例函数定义 g. 反比例函数求解	i. 定冠词的用法	h. 物质的三态
正式学习	无	e. 上网课	a. 升华与凝华 f. 蒸发与液化
复习	d. 带参数的一元一次方程求解	b. 英语作文书信的写法	无

第四章

主动学习，更上层楼

一、认清自己，了解同侪

要点提示

透过别人，你才能认识真正的自己；同侪相较，你才能发现自己的问题。

古诗云："欲穷千里目，更上一层楼。"当孩子在主动学习上做到了每次学习时状态投入、合理规划自己的学习内容、养成了长期的好习惯后，如想在主动学习的理念下取得更多的进步空间，就需要站得更高、更上一层楼。

孩子想要在主动学习上更进一步，首要条件是认清自己。认清自己一方面是从自我了解中获得的，另一方面是在与他人的比较中得来的。当成人无法对某种能力进行具体客观的衡量时，会求助于社会来评价自己；当孩子不能客观地评价自己的能力时，他们就会更多地参照和自己相似的其他人。所以，孩子认清自己的重要途径就是观察自己在同侪中的表现状况。

前文我们提到不能看排名、只与自己做比较，那是要求孩子不要用竞争去麻痹自己，只需要关注自己的内在，看到自己的成长即可。本章我们却要求孩子认清自己，观察自己在同侪中所处的位置，这是不矛盾的，因为这是了解自己的重要方式。前者的核心是要做到与自己纵向比较，后者的核心是通过横向比较，发现自己的不足。

家长盯着孩子的排名、成绩或别人家孩子考多少分等意义不大，不妨多关注一下孩子与其他同学在学习环节上的差别。为什么某道题班级平均用时5分钟，而你的孩子却需要用12分钟？为什么某次测验班级的平均正确率为86%，而你的孩子正确率只有79%？家长要善于透过现象看到孩子学习背后的本质，而不是一味地盯着分数和排名。

实用工具

家长朋友们可以先做一下表6中的小测试，在与其他孩子相比较时，选择你认为自己孩子所处的状况。

表6　同侪相较测试表

分析维度	与同侪的比较项目	远差于其他同学	略差于其他同学	与其他同学差不多	略强于其他同学	明显强于其他同学
身体维度	饮食规律，营养搭配均衡，很少吃垃圾食品					
	睡眠准时，睡眠质量高，平时不犯困，精神状态一直很好					
	身体素质好，每周能保证较多的锻炼，生病少					

续表

分析维度	与同侪的比较项目	远差于其他同学	略差于其他同学	与其他同学差不多	略强于其他同学	明显强于其他同学
学习维度	爱阅读，爱看书，爱思考					
	上课认真听讲，课后准时高效完成作业					
	考试成绩好，成绩稳定					
精神维度	热爱自然，体悟生活，对一切充满兴趣					
	内心充实，乐观积极					
	耐挫力强，平常心面对困难					
社会、情感维度	尊老爱幼，与人相处和睦融洽，与其他家庭成员关系和谐亲密					
	能独立处理好自己的事					
	能包容，有同理心					

其实，家长在比较自己孩子与其他孩子时，完全可以撇开那些无聊的分数，多从孩子发展需要的方面与同侪作比较。作比较的过程也是了解孩子优劣势的过程，能够帮助家长有针对性地培养孩子某方面的能力。

同侪比较不是攀比式的比较，而是通过了解别人去认清自己的一种手段。人是社会性的，了解别人也是社会生活的一部分，无论将来是认识朋友还是了解竞争对手，都会面临这个问题。了解自己在所有人中所处的位置，有利于找准下一步努力的方向。

从外在处看内在，从别人处看自己。透过别人，你才能认识真正的自己。在学习方面，孩子需要了解别的孩子看的书目、每天做作业的时长、课堂投入的状态等，如此才能判断自己的学习进步空间和方向。有些信息化程度较高的学校，会给孩子提供每次练习、每道题的正确率和平均耗时数据，用以发现自身的问题和不足。

二、学优弃劣，完善自己

要点提示

从自己、他人身上都可以发现缺点和错误，从错误中学习是比较快速的学习策略，家长要有度量地接受孩子犯错。正确地帮助孩子使用错题本也是避免错误再犯的好办法，但要注意错题本的使用方法。

了解同侪后，不要止步于认清自己，还要学习别人身上的优点、摒弃自身的缺点，更要从别人身上吸取教训。学习别人的优点比较容易，但从失败中总结教训却很少人能做到。聪明人从自己的错误和失败中获得经验，而更聪明的人则从他人的错误和失败中获得经验。犯错不可怕，可怕的是被困在其中、停止不前。

案例分析

吸取教训，改正提高，在航空业得到了很好的体现。在所有的交通工具中，飞机的事故率是最低的。1983年6月加拿大航空797号航班从美国达拉斯飞往加拿大蒙特利尔。飞行过程中，乘客们忽然闻到一股好像烧焦般的气味，烟雾开始在客舱和驾驶舱弥漫。紧接着，飞机上的电子仪器都失灵了。经过机组人员的努力，飞机终于降落在机场，乘务员迫不及待地打开舱门和紧急出口。但就在舱门打开后，飞机立刻发生了爆炸事故，23名乘客当场死亡。事后，经过对黑匣子的调查取证发现，问题出在对火灾的应对措施不足。这次事故后，加拿大航空管理局要求所有飞机全程禁烟，并且加装了烟雾探测器，把个体的教训推广到了全体。

其中最值得我们学习的就是“黑匣子”思维。每一架飞机上都有黑匣子，完整记录所有的飞行数据，以及驾驶舱内的语音。这样可以在事后还原现场，了解当时飞行员在说些什么、做些什么。任何细节和结果会对全世界的航空公司和飞行员公开，以便查阅学习。航空业不掩饰错误，而是做到了极致透明，从每一次事故中学习，全力避免类似的事情再次发生。因此，航空事故率越来越低，飞机也成为所有交通工具中最安全的一种。

家长要罗列自家孩子和所见闻的其他孩子所犯的错误，分析错误类型并做好总结，以免孩子将来犯类似的错误。不过，家长一方面要认识到在孩子的成长过程中，错误是不可避免的，要有接纳、宽容的态度；另一方面，又要让孩子为自己的错误行为承担责任，并从错误中吸取教训。同时，父母还要帮助孩子避免因自己的错误行为所带来的失望和内疚情绪影响了自尊心，或因此丧失了自信和前进的勇气。因而，孩子犯错误时，父母最好要保持包容、理解和同情的态度，以保护孩子的自尊心和自信心。

在学习上，避免再次犯错，可以通过错题本去实现。然而，很多孩子甚至是很多家长都不明白如何去做好错题本。孩子做错题本常犯的错误是：第一，不善于深度思考，只停留在答案表面；第二，整理之后只看不想，印象太浅记不住；第三，为了做错题本而做错题本，后期使用效果不佳。正确的做法是，每一道错题都应按照如下模板进行整理：

（1）正确答案分析。要求写出具体解答步骤，哪里是做题的时候没想到的？

（2）知识和方法。这道题运用了哪些知识和方法？

（3）逻辑关系。这些知识和方法之间有什么关联？如何通过已知知识得到解题步骤？

（4）启发。答案给你哪些启发？出题者想考查什么？

（5）提炼方法。这属于哪种类型题？这类题的解答方法是什么？

虽然按照这样的模板去整理错题会花费更多的时间，但是孩子的思考更深入了，对于错题理解更加透彻，学一道题会一类题，效率将大大提升。翻阅错题本时还需要注意，要主动回想而不是浏览阅读。研究表明，对答案的主动回想比浏览阅读的印象更加深刻。在读书的时候，也应用主动回想的方法，来提高自己对内容的记忆效果。当阅读完一个章节之后，先合上书，回想这章有哪些内容，有哪些有趣的案例，等等；看完整本书，再对着目录进行回想。为了让学生主动回想时不被答案干扰，错题本的格式可按照康奈尔笔记的格式去写：题目写在左边，答案和反思写在右边，这样就可以盖住右边部分，对着左边进行回想。如果题目写在上边，答案写在下边，不容易遮盖，回想的时候容易造成干扰。如果，不能从错题中汲取营养，分数就无法提高。如果你的孩子已经错过了很多好题而未去总结，也不要叹息，现在开始完全来得及，按照上面的办法做吧！

从错误中学习，还应注意在大脑中模拟错误的过程。人类强大的能力是归纳和推理能力，我们可以仔细地、理性地思考，权衡各个选择的利弊，而不仅仅满足于情绪上的判断。假设我们面临两个选择A和B，可以结合别人的经历，利用自己的推理能力，去分别推断A或B选项带来的各种利弊。对于其中不确定的因素，我们或者可以进一步从别人那里收集更多的信息，或者可以对风险的上下界进行一些评估，总之，尽量让我们大脑中假想的角色去经历失败——通过推理发现某条路行不通，就避免了在现实中的失败。

三、跳出自己看自己

要点提示

跳出自己看自己的精髓之处在于站在其他角色的视角上考虑问题，当再回归原本角色时，就会有不同的认识。整个过程的第一步就是要忘记自己的角色，第二步是用其他角色去代入思考，第三步回归原本角色并做出新的行动。学生需要进入的角色有出题者、阅卷人、任课老师、教材编写者等。

让我们先讲两个老掉牙的故事。

故事一：兔子去钓鱼，结果往钩上挂了好多胡萝卜，可是鱼就是不咬钩。它依旧坚持着往钩上挂胡萝卜，就这样一天天过去了，兔子还是什么也没钓到。到了第四天的时候，鱼忍不住了，跳出水面就给了兔子一耳光，边打还边说道："你要是再拿胡萝卜钓我，我就抽死你！"

兔子一直以自己的眼光去看待问题，以为鱼儿也想吃自己最爱的食物，所以最终是要失败的。在生活中，像兔子这样的人不在少数，他们跳不出自我设定的框架，认为自己想的就一定是正确的。

故事二：一个聋哑人去商店买剪刀，由于不会说话，便做了一个剪刀的手势，于是他买到了剪刀。过了一会，又有一个聋哑人来买锤子，他对老板娘做了一个锤东西的手势，于是他买到了锤子。再过了一阵，又来了位盲人，他想买钉子，请问他要怎么做才能让老板娘明白他想买钉子？

正确的答案是，直接讲出来，告诉老板娘他要买钉子。我们可能被前面的叙述骗到了，不由自主地将自己带入到不能说话的世界中，默认第三位来的客人也不能讲话。实际上，由于思维惯性和所处角色的限制，我们无法站在别人的视角去考虑问题。适当地跳出来，摆脱自己的思维禁锢，再来重审自己的处境，说不定会给你带来崭新的视角。

学生在学习时，可以尝试跳出自己的角色，把自己当成出题者、阅卷人、教材编写者，以他们的视角去看待自己的学习，可能会有不一样的收获。

经验之谈

俗话说，当局者迷，旁观者清。这是有一定道理的。同样一件事，在当事人和旁观者眼中肯定是有区别的。当事人为利益相关方，会集中注意力认真对待，压力在所难免；而旁观者无利益冲突，没有压力，所以可以更全面地看待问题。当事人深思熟虑采取行动，前怕狼后怕虎，以防草率造成损失，不敢过于冒进；旁观者不是赌自己本钱，随心所欲指点江山，有可能提出看似冒险的一着好棋。当事人投入时间精力金钱，也许中途外界环境发生变化，事情发展不如原先所料，理性处理是放弃“沉没成本”，转换前进方向。但实际情况是，当事人往往不舍得放弃已投入的成本，会选择继续做下去。在“认知失调”的情况下，忽视实际情况，坚信“我的做法是正确的”，让想法和行为一致，重新协调认知。旁观者会认为抛弃“沉没成本”是最好的选择，但当他们处于当事人的位置时，面对自己的“沉没成本”，会采取什么行动就不好说了。

要想破局，当事人必须适当地跳脱出来，也就是我们所说的“跳出自己看自己”。

很多孩子考前只顾着研究知识，傻傻地按照自己的节奏想当然地去复习。到最后，很可能忙活了半天，复习的根本就不是出题者想重点考的，实在是一种低效和浪费。虽说学习是为了获得知识，但在考试的竞争中，拿到更高的分数还是必要的。我们要做的，不单是掌握知识，更要学会如何获得更高的分数。以出题者、阅卷人的眼光去看待自己的学习，就显得非常重要且实际，是一种有效的应试、提分策略。

例如，复习语文时，我们就应该在脑海中这样想：老师会考什么呢？会怎么出题？会考这篇文章的作者吗？会考这段背诵吗？会考哪些生字生词呢？会考段落大意吗？还是考某一个新学的修辞？学数学时，你就应该这样想：老师课上重点讲过的某个知识点、公式、定理、定律是什么？他会考吗？会怎么考？以及关于这个知识点，他通常会怎么出题，等等。

家长要经常引导孩子这么想：出卷者为什么要考这道题？他有什么目的？他想要考查什么？他希望我具备哪些知识？这道题会考查什么能力？

只要这么想，一直站在出题者的视角去思考，就能进入出题者的轨道，这时再去有“针对”地复习，不但省时间，还能取得更好的效果。站在出题者的视角去思考这些问题的过程，其实就是不断猜想、不断测试、不断验证的过程。如果猜想与实际不一致，就再根据重点和内容，根据以往的考法再猜想、再测试、再验证。反复几轮下来，你就能知道出题者的想法与思路，知道复习哪儿，得高分就是自然而然的事了。

跳出自己的角色是为了进入另一个角色之中，这个角色可以是出题者、阅卷人，还可能是教材编写者、任课老师……那就请家长朋友重新审视孩子的学习，帮助他做好如下几点：

✧ 站在出题者的角度思考，在做题时揣测出题人的意图。

✧ 站在阅卷人的角度，给自己评分，检查各个得分点。

✧ 查看题目的正确答案后，要进行反思，找出自己知识和答题技巧的不足。

✧ 平时学习时，要常练习有重点地学习；平时考试时，也要常练习给自己判卷。

✧ 试着让孩子来讲课，看他是如何设置课程的，这可以检测他的学习效果。

第五章

系统培养学习能力

一、记忆力

要点提示

勤恳踏实的练习是提升记忆力的必经之路。培养孩子记忆力的同时，也是在磨砺孩子不骄不躁、勤奋踏实的学习态度。

我曾经见过有的孩子这么背书："人闲，人闲，桂花落，人闲桂花落。夜静春山空，夜静春山空。夜静，夜静，春山空……"等他背完了一遍后，再去问他这首诗怎么背，他却说忘了。

遗忘无疑是学习过程中最令人烦恼的事，但更令人烦恼的恐怕是不掌握技巧式的"硬背"。相信各位家长都遇到过孩子前一天晚上背得好好的，第二天全忘了这样的闹心事。幸运的是，提升孩子的记忆力是有捷径可寻的，掌握科学的记忆方法能让学习事半功倍。

实用工具

著名的艾宾浩斯遗忘曲线告诉我们，记忆的最初阶段遗忘的速度很快，后来就逐渐减慢了，而相当长时间后几乎就不再遗忘了。如果只是在考前仓促背诵，而不进行进一步的复习巩固，那么所学知识就会很快被遗忘。因此，学习要勤于复习，而且记忆的理解效果越好，遗忘速度也越慢。知识的类型不同，其遗忘曲线也有所不同，图6所示为不同类型知识的艾宾浩斯遗忘曲线。

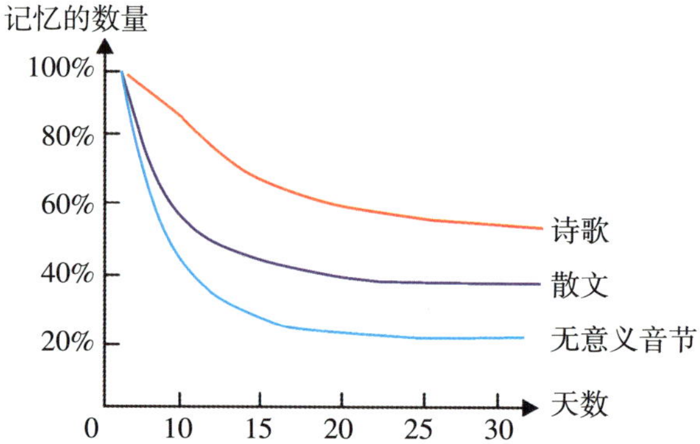

图6　不同类型知识的艾宾浩斯遗忘曲线

根据艾宾浩斯遗忘曲线，第一次记忆后，经过5分钟就会大量遗忘，若5分钟内及时复习，则记忆效果大大提升，遗忘的时间延长至30分钟左右，每一次复习都会延长记忆持续的时间。因此根据艾宾浩斯记忆周期（5分钟—30分钟—12小时—1天—2天—4天—7天—15天）进行复习，是很好的记忆方法。

下面以记单词为例，介绍艾宾浩斯记忆周期的应用方法。

●短期记忆。

短期记忆需要利用好艾宾浩斯记忆周期中5分钟、30分钟的两个复习时间点。首先，按照孩子的基础、单词的难易程度确定5分钟内能够初步记忆的单词量，例如10个（称为“一组”）。花5分钟背完这一组单词后，立刻回头快速复习一遍（可以遮住中文，看单词说中文意思；也可以遮住单词，看中文意思拼写单词）。依此法完成六组单词的初步记忆与复习（花费30分钟左右），再从第一组单词开始将六组单词全部复习一遍。这样，每一组单词都在5分钟和30分钟时得到了复习。

●长期记忆

长期记忆的保持需要在艾宾浩斯记忆周期中12小时、1天、2天、4天、7天、15天的复习时间点进行复习。如果条件允许，每天早上背新单词，晚上复习一遍的效果是最好的。另外，背诵的新单词要在1天、2天、4天、7天、15天后进行复习。每天的复习任务比背诵新单词更加重要。反复、高频率地复习是事半功倍的法宝。

看完了“艾宾浩斯记忆法”，家长朋友们肯定发现，其实应对遗忘最好的办法就是频繁地复习，一遍遍地巩固加深。要想提升记忆力，勤恳踏实的重复练习是必经之路。语文、英语、政治、历史和生物等学科的学习，尤其需要一套科学的记忆方法和持之以恒的学习毅力。

记忆类知识的学习效率，是孩子主动学习能力的试金石。孩子全心投入地背单词，同时也在培养不骄不躁、勤奋踏实的学习态度。家长朋友们可以从培养孩子的记忆力开始，逐步激发孩子学习的主观能动性。

记忆的提升也是有技巧的，有三个关键点需要把握：

✧ 要努力把记忆过程趣味化，加入一些生动和有趣的元素，只用眼看、用嘴念是非常枯燥的记忆形式。

✧ 把表面看上去散乱无规律的东西尽量串联起来，变个体为整体，进行有规律的整体记忆。

✧ 尽量借助自己已经熟知的内容去记忆新知识点，以旧带新。

把握这三个关键点后，我们来学习三种快速记忆的方法：

第一，感官记忆法。当我们背东西时，不仅要读要写，还要充分发挥感官的作用，感官的刺激越多，越容易记住。例如，当背“日照香炉生紫烟，遥看瀑布挂前川”时，脑海里应有那个画面，甚至听到了瀑布的声音，感受到水溅到身上的冰冷。背英语单词和其他知识的时候也可以这么做。

第二，联想记忆法。联想记忆法就是要想象出一幅画面，再将真实的信息与画面的内容做关联记忆。笔者曾去某次应酬时，有四位初识的朋友，分别姓叶、侯、陈、张。笔者便在脑海中想象出了一幅画面（可参见图7）。画面里，映入眼帘的是一只猴子，联想到坐我对面的是侯总；猴子趴在树上，紧贴着树叶，所以侯总旁边坐的是叶总；树叶旁有几朵正在盛开的花，而盛开也形似张开，联想到叶总旁是张总；陈总进屋后一直沉默寡言，却是重量级角色，是其他三位的领导，就好像支托起猴子、树叶、花朵的树枝，而树枝灰暗陈旧，也很容易联想到陈总。

图7　联想记忆法举例说明图

第三，路径记忆法。这也是我们常说的宫殿记忆法，又叫罗马房间法、地点定桩法。这里的“宫殿”指的是我们平时熟悉的一些地点，比如，家里、公司、学校等。当然，这个地点也可以是你想象当中的、印象深刻的环境。简单地说，就是将建筑物的不同空间位置作为一个记忆节点，比如，门、沙发、桌子、电视机、书柜、床等。利用右脑的空间感觉，在心里把地点中的不同位置的物品，按照顺序进行编号，这样就形成了多个记忆节点的系统。当我们需要记忆东西的时候，只需要把要记忆的关键词，通过联想的方式，存放到不同的节点上去。把需要记忆的重点，按照房间里面的东西有顺序地排列起来，把要记忆的关键词跟每一个地点的物品串联成图像或者故事来记忆，这样就可以通过自己熟悉的地点，回忆起记忆的内容了。比如，你需要记忆一段演讲内容，就需要把演讲开头的一些关键词跟你房间的门联系起来，接下来，把演讲中其他的一些故事、关键词，依次以你从外向内走进房间的顺序，跟房间里的物品串联产生联想，从而产生深刻的记忆。

二、理解力

要点提示

理解力就像是知识体系的粘合剂，让知识体系更加深刻、牢固。良好的理解力依赖于专注力，更依赖于深入思考、主动思考、独立思考的能力。

也许孩子们在学习中会遇到这样的问题：

✧ 很认真地听讲，笔记也记得密密麻麻，但是回家后作业还是不会做，考试题目还是答不上来。

✧ 课堂上聚精会神，实则完全跟不上老师的节奏，消化不了新知识。

✧ 看着知识点都有些眼熟，深究起来却含糊不清，不知其所以然。

遇到这些问题，很有可能是孩子的“理解力”有所欠缺。那么，什么是理解力呢？

对理解进行划分，可分为三级水平：低级水平的理解是指知觉水平的理解，就是能辨认和识别对象，并且能给对象命名，知道它“是什么”；中级水平的理解是在知觉水平理解的基础上，对事物的本质与内在联系的把握，主要表现为能够理解概念、原理和法则的内涵，知道它是“怎么样”；高级水平的理解属于间接理解，是指在概念理解的基础上，进一步达到系统化和具体化，重新建立或者调整认知结构，达到知识的融会贯通，并使知识得到广泛的迁移，知道它是“为什么”。

如果说，学习是从零散的知识构建起完整的知识体系的过程，那么理解力就像是粘合剂，让知识体系更加深刻、牢固。拥有强大理解力的孩子，能够透过现象看本质，挖掘、理解知识背后的深层联系。比如，老师讲“勾股定理”，有的孩子只记住了“勾股数3、4、5”，有的孩子只记住了“斜边平方等于直角边平方和”，而真正理解的孩子则会在知识树“几何—三角形—直角三角形的性质”中添上勾股定理的叙述、证明和应用。

之前我们说到，有的孩子虽然认真听讲，但完全跟不上老师的节奏。这很可能是由于孩子的专注力出现了问题。认知心理学家告诉我们，理解能力很大程度取决于专注力。由于人脑能够处理的信息量是有限的，所以我们必须有选择地侧重于某一方面的信息，而忽略其他一些信息，这样才能更好地理解观察到的事物。家长朋友们可以告诉孩子，听课不需要把老师的每句话都听清楚，而是要把老师反复强调的重点理解透彻。

有的孩子只是机械地记下知识点，没有自主思考，也不知道自己哪里不懂。对此，希望孩子们都能明白，高质量的听课应当是听讲与思考有机结合，听到老师讲的某个知识点后立刻问自己一句“为什么”，想明白它和所学知识的关联。这种主动思考、独立思考的能力是非常难能可贵的，不过相信孩子们从课堂上多思考开始，慢慢培养思维能力，克服不自信、畏难、逃避的情绪，定能收获良好的理解能力和主动学习能力。

三、表达力

要 点 提 示

表达力是综合素养的外在体现。培养孩子的表达能力，能够帮助孩子将内在的学习成果转化为外在的思维输出，同时自我查漏补缺。尤其是在给同学讲题这一表达场景中，孩子们能巩固知识、精益求精，获得长足的进步。

表达力是思维的反映。例如，面试官实际上就是通过面试者的表达能力，来推断面试者的综合素养的。饱满的表达热情代表了对相关领域的熟悉和自信，流畅的表达思路代表了缜密的逻辑思维，而表达时恰当的礼仪和肢体语言则反映了为人处世之道。孩子也是一样，愿意在课堂上发言，代表他有自己独特的想法和充分的自信；讲题时逻辑严密、易于理解，代表他熟练掌握题目所对应的知识点。

培养孩子的表达能力，一方面能帮助他维护良好的人际关系，让老师和同学充分地了解他，另一方面也帮助他将内在的学习成果转化为外在的思维输出，并且在这一过程中巩固所学的知识。表达力建立在熟练掌握的基础上，不厘清知识体系的内在逻辑自然无法自圆其说；表达能力又反作用于知识积累，表达的过程也是自我反省、自我查漏补缺的过程。

孩子在学习中常见的表达场景包括课堂发言、小组讨论、给同学讲题等。其中最能帮助孩子更上一层楼，也最值得重视的便是给同学讲题。

“学然后知不足，教然后知困。知不足，然后能自反也。知困，然后能自强也。”给同学讲题的时候，孩子自己也能够温故知新，找到自己的不足之处，再加以弥补和改进。

问题剖析

有人说，给同学讲题浪费自己的宝贵学习时间，还怕教会了别人后自己多一个竞争对手。事实果真如此吗？答案自然是否定的。

教会别人，能不断地巩固自己的知识。教会别人，其实就是不断地强化自己的记忆，就是在不断地加深自己对已有知识的掌握。这样一遍遍地强化记忆，能更好地复习巩固已学会的知识。

教会别人，能反过来督促自己精益求精。孩子自己必须先精通才能教会别人，久而久之，同学们都拥护他为“小老师”，孩子也拥有了“我先学会，然后教会大家”的学习自觉，形成了良性循环。

教会别人，能提升孩子在集体中的认同感。经常为同学答疑解惑，自然能收获同学的信任，帮助孩子建立良好的人际关系，提升学习信心和动力。

希望孩子们都能明白：教会别人，自己就会更精通；帮助别人，也是在帮助自己。

四、应用力

要点提示

应用力是孩子综合能力的集中反映，它要求孩子对相应知识有深入的理解和娴熟的运用，更要求孩子从生活实际出发，提出问题、分析问题、解决问题，“大胆猜想，小心求证”。同时，应用力也是重要的应试能力。

案例分析

读初二的小陈同学对化学很感兴趣。暑假里，他利用空余时间拓展学习了许多课本之外的化学知识。这天，有净水器厂家的推销员来家里推销产品。只见推销员在烧杯中分别盛入自来水和经过净水器“净化”的纯净水，通电电解后，自来水中产生了黑褐色浑浊物，而纯净水中无明显现象。推销员据此声称自来水中含有大量的杂质，喝经过净水器净化的水，才能“喝”出健康。

小陈同学看完这一番实验后，敏锐地察觉到实验和结论似乎并不相符。他立刻翻开参考书、查阅资料。经过一番研究，小陈同学发现，自来水中的浑浊物实际上是铁质电极发生氧化反应生成的氢氧化铁，自来水只是起到了导电的作用。纯净水不产生浑浊物，仅仅是因为纯净水不能导电而已。图8中的实验展示了两种不同的水在通电情况下的对比。净水器效果暂且不论，想要通过这个小实验证明自来水含有不利于健康的杂质是不科学的。

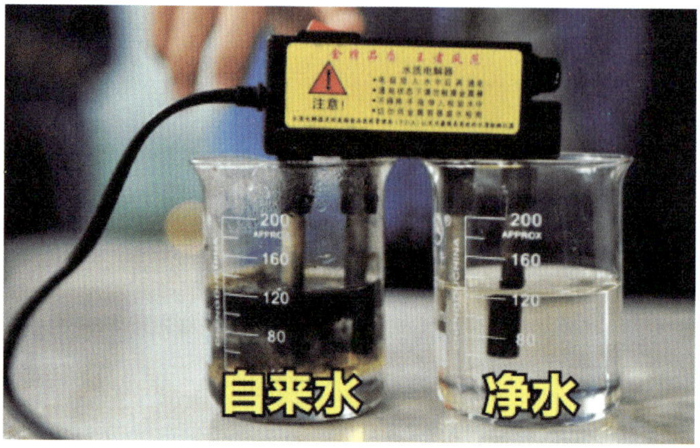

图8　净水实验示意图

小陈同学应用书本知识识破骗局的经历，反映的正是所谓的应用力。应用力不但要求孩子对相应知识有深入的理解和娴熟的运用，更要求孩子从生活实际出发，提出问题、分析问题、解决问题。因此，应用力是学习能力中最能反映孩子综合能力的一种。应用力的培养，可以概括成八字口诀，即“大胆猜想，小心求证”。

“大胆猜想”即善于从日常的观察中发现问题，并且积极寻找已知条件，大胆地作出假设。日常生活中的问题不像作业题一样有详细的描述和已知条件，往往需要通过探索，自己设定已知条件。就像看到净水器实验之后，先研究一番实验装置，哪边是正极？哪边是负极？正负电极是什么材质？通电之后，看一看杯中的浑浊物是怎么产生的？颜色、形状如何？在日常生活场景中，孩子们可以随心所欲地探索，天马行空地猜想，充分发挥想象力和创造力，这对孩子的学习是有很大帮助的。

“小心求证”则是针对问题进行严谨的分析推理，并结合相关资料得出相对合理的结论。解决问题的过程中，可以去翻一翻课本，温故而知新。更多的时候，孩子们能够在探索的过程中学到全新的知识，开拓眼界。生活中的问题往往具有很强的趣味性，家长朋友们可以利用孩子们的兴趣，鼓励他们对问题进行深入的思考和探索。

从应试的角度看，应用力在新课程标准中也被反复提及，并且作为最高能力要求进行考察。近年来中高考的命题也更加注重实际意义，往往会创设一个现实环境，以此为背景来考察对课本知识的灵活运用能力。培养孩子的应用力，就是培养在现实背景下解决问题的能力，当然也培养了解答此类试题的应试能力。

当然，这种应用题型命题难度大，一般只在较高规格的考试中出现。如果孩子们平时应用训练不足，面对完全陌生的情境和全新的题型，往往难以迅速理解题意、找到突破口，甚至考试时心态崩溃。这是孩子们在大型考试中容易发挥失常的重要原因。为此，日常学习中应用力的培养不妨以此种题型为素材，既能帮助孩子在大考时稳定心态、提升成绩，也能像解决实际生活问题一样锻炼孩子的综合运用能力。

落地与实操方法：提问促进法

①方法介绍

提问是为了帮助孩子思考，好的问题有利于培养孩子的积极性和思考能力。心理学家布鲁姆曾经对孩子的思考能力进行了分类，从低阶到高阶一共有六大分类（记忆、理解、应用、分析、评估、创造），并提出孩子的思考能力都从底层开始发展，只有掌握了这个层面的能力后才能上升到新的层面，然后逐步提高到最高层。家长可以通过提问去刻意锻炼孩子的记忆、理解、表达、应用能力。

②操作步骤

首先，确定要提升孩子学习中的哪几方面能力。

其次，当孩子在学习某项知识时或在恰当的生活场景下，针对能力提出问题。提出的问题不一定要有专业性，但一定要发散。

最后，聆听孩子的回答，并对孩子的回答做出积极、正面的评价。

③举例说明

我们以童话故事《白雪公主》为例，为三年级的孩子展开上述六大分类的问题，提问的类型和提问的具体内容详见图9。

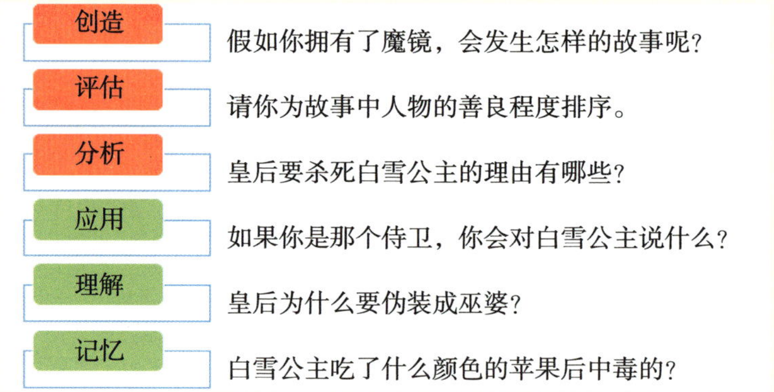

图9　六大思考能力提问举例图

理解了这个模型后，家长就可以有意识地在日常生活中和孩子提问对话，对孩子的独立思考能力进行启蒙和训练。有了独立思考的能力和有探索价值的问题，孩子主动学习的热情便会更高，也会积极探索知识、制订学习计划。

积极情绪

积极情绪的直接价值在于建立良好的亲子关系。家长要有效地运用鼓励和赞扬去帮助孩子建立自信心，以灌输真理和正面道理、宣传正面事例为主要教育形式去践行积极情绪的理念。

第六章

来自亲子关系的情绪

一、亲子关系与孩子成长

要点提示

亲子关系对孩子有着巨大的影响，良好的亲子关系甚至比教育本身更重要。家长们首先要认识到自己的家庭关系状况是怎样的，才能在此基础上做出行为改变。

亲子关系，顾名思义就是父母与孩子的关系。作为人际关系的一种，亲子关系具有特殊性。这是因为亲子关系最为久远、普遍和稳定。基于血缘的亲子关系是不能随意选择和改变的；亲子关系的双方在生活上直接联系，情感上极为密切。亲子关系是青少年人格形成过程中极其重要的影响因素。

良好的亲子关系，对于孩子的成长有决定性的意义，孩子早期生活中的亲子关系会影响整个人生的发展。幸福的人一生都被童年治愈，不幸的人一生都在治愈童年。被父母关爱的孩子一般会更多地表现出友善、乐于助人、无侵犯性、遵守规则等亲社会行为；被父母拒绝的孩子大多性格较为执拗，对人和身边的事物较为冷漠；受父母支配的孩子大多表现出被动顺从、缺乏自信、依赖性强；让父母服从自己的孩子表现出叛逆、急躁、容易冲动且具有很强的攻击性。

良好的亲子关系甚至比教育更重要，因为亲子关系对于孩子成长的影响是方方面面的,包括孩子发展的核心素养,比如健康素养、学习素养、自我管理、道德品质、社会责任等。良好的亲子关系让孩子受益终生,能够让他们获得安全感,愿意积极探索外界环境。而不良的亲子关系可能会导致孩子的一些行为问题,甚至产生心理健康的问题。这些问题在有些情况下可能暂时表现良好,一旦累积到一定程度,不良后果会显现出来。总之，亲子关系对孩子的影响是深刻而广泛的，例如：

第一，影响孩子的人际关系和社交。家庭幸福和谐、亲子关系比较好，孩子在关爱下长大，那么孩子多数情况下都会有良好的社交才能。反之，孩子在成长过程中，可能不容易信任别人，进入社会开始工作后，社交更是一大难题。

第二，影响孩子的性格。家庭不和谐，会对孩子造成很大的影响，比如：胆怯、自私、脾气暴躁等，青春期的孩子特别明显，通常表现出叛逆、以自我为中心等，严重者甚至会冒犯法律。

第三，影响孩子的发展。孩子在被爱、被认可的环境下成长，会大大增强他的自信心、积极性和乐观的精神，同时这些品质又会被迁移到各个方面，例如学习、兴趣爱好、职业发展等。

实用工具

按照父母与孩子之间的服从关系，家庭通常分为民主型家庭、压制型家庭、权威型家庭和纵容型家庭。请扫描下方的二维码，看看你的家庭属于哪种类型。

通过前面的分析，我们会发现，良好的亲子关系、家庭关系都有一个共性，即能够为孩子带来积极的影响。积极的影响可以是家庭氛围、语言关怀、发展助力、鼓励爱护等。要做到积极的影响，最重要的关键词是积极情绪。

二、积极情绪的做法

要点提示

积极情绪是构建亲子关系的重要因素，它意味着亲子双方相互产生积极情绪，并将此积极情绪传导给对方。而父母在亲子关系中是占据主动地位的，需要做出更多的努力。鼓励孩子，亲密互动，给孩子正确的关注，学会倾听，多喊口号，情绪稳定，这六种做法都会产生正向的效果。

父母的情绪是会直接传导给孩子的，它关系到表达内容、亲密关系和孩子的心情，因而积极情绪影响深远。积极情绪有两层含义：一是父母面对孩子时，始终要保持积极的状态、良好的态度、正面的情绪；二是父母要善于为孩子营造积极乐观的氛围，让孩子始终保持良好的心态。简而言之，就是父母要管理好自己的情绪，并调整孩子的情绪。

问题剖析

常见的积极情绪有十种：喜悦、感激、宁静、兴趣、希望、自豪、逗趣、激励、敬佩和爱。积极情绪是人类不断进化出来的产物，它是社会进步的表现，可以帮助我们走向成功。

不得不承认，消极情绪也有一定的作用，在消极情绪的基础上，人们逐渐进化了积极情绪。在原始时代，消极情绪会让人更好地生存下来。不难想象，当有猛兽向你袭来时，你在短时间内便能感受到惊恐和害怕，这种情绪迅速传递给大脑，继而分泌肾上腺素激活你的肌肉，于是你撒腿就跑，大嚷大叫着把危险信号传递给你的族人。在漫长的进化中，这些消极情绪帮助你度过一个又一个夜晚，你和种族的基因才得以流传至今。这些进化而来的情绪能引发特定联系，如恐惧与逃跑相联系、愤怒与攻击相联系。

相比消极情绪，积极情绪的进化相对较晚。在狩猎采集时代，积极情绪让我们分享食物，保持种族团结。但这些远不如让我们快速逃离死亡威胁的消极情绪。现代则不同，对比原始时代，大多数人已经不再害怕饥肠辘辘的日子，你与食品的距离就是你到楼下便利店的距离。消极情绪的作用已经大幅消减。现代是积极情绪登场的时代，积极情绪让我们爱他人，让我们追逐梦想，让我们组建家庭、感受生命之喜悦。积极情绪也带来了注意力扩展和思维扩展，它启发我们，使我们考虑到其他情况下看不见的可能性。

积极情绪也受到时间复利影响。越是拥有积极情绪的人，思维越开放，而开放能让他们找到解决方法，并且巩固他们的积极情绪。这是一个正循环。随着积极情绪的增加，对他人的信任度也增加，反之亦然。积极情绪打破了人与人之间的边界，使人们看到自己与朋友之间更多的交集，且积极情绪越多，思维越开阔，事业也越成功。

有个有趣的心理实验，家长朋友们可以试试。第一次，用嘴唇叼着一根筷子，筷子的方向斜向下，同时感受一下愉快的程度。第二次，用牙齿咬着筷子的一端，使筷子斜向上，同时感受一下内心愉快的程度。是不是第二次更愉快一些？其原因在于，第二次的嘴部动作是类似微笑的动作，会让人感觉愉快。这个小实验的结论是，不是先有愉快，后微笑；而是先有微笑的动作，而后感到愉快。同样，对于积极情绪而言，并不是先有积极情绪才有一系列的举动和言行，而是先有良好的言行举止后，自然产生了积极情绪并传递给了别人。积极情绪，听起来很难做到，但做起来却是有章法可寻的。

1.鼓励孩子

鼓励孩子，需要带有成长型的思维，同时鼓励孩子的内在品质。

有些常见的赞扬用语可能成了我们的口头禅，比如“你很聪明”“你真棒”“很好，继续努力”，等等，但其实真正的鼓励不是体现在这些泛泛的夸奖上。赞扬孩子的天赋，而不是赞扬他的努力、策略和选择，就是在缓慢扼杀他的成长型思维。成长型思维与固定思维的最大区别在于，人们在一种固定的思维模式中认为他们的智力和能力是定量的，而不是变化的。成长型思维模式的人相信通过努力可以提升他们的能力。成长型思维模式能使孩子拥抱学习和成长，理解努力对智力成长的作用，拥有面对挫折的良好适应能力。最重要的是，孩子会认为自己是可以被塑造的。

鼓励孩子的内在品质时，也可以跟成长型思维结合到一起，请你按照这个原则，填写下方的表7吧。

表7　添加成长型思维后的表扬话术

品质	原来的表扬	修改后的表扬
努力	你考得真好，宝贝！	你考得真好，平时一定很用功，继续加油！
毅力	你真刻苦，厉害了！	坚持才会胜利，再保持下去你会收获更多的成功。
细节	这个错误藏得这么深你都能发现，了不起！	
创意	你怎么这么有才！	
态度	真是个孝顺的孩子，知道帮妈妈刷碗了。	
守信	我儿子一言九鼎，说不玩手机就不玩。	
勇气	你好勇敢呀，妈妈爱你。	

除此之外，家长还要注意自己鼓励的话要有细节，避免空洞；有逻辑，避免形式主义；有独特之处，让孩子感受到你的用心。

2.亲密互动

想为孩子带来积极情绪，首先需要构建亲密关系，而亲密关系是建立在表达爱、付出爱、得到爱之上的。父母可以在这三个方面，多做亲密互动，最终给双方带来积极情绪。你是否常常应用话语或行动，让孩子知道你爱他？对年幼的孩子，你也许会说“我爱你”一类的话，孩子长大了，有的家长可能不好意思或不习惯用语言表达对孩子的爱，此时非言语的信号也非常重要，如一个温暖的微笑和关心的眼神，拉拉手或拍拍肩膀，即使是很微小的亲密动作都是可以的。

父母爱孩子，就要让孩子知道，无论在什么情况下，父母都会一如既往地爱他、守护他、支持他、信任他。让孩子知道的最好方式就是说出来，明确表达，大胆表达。

在付出爱这件事上，父母们都做得足够出色，笔者的建议是在陪伴孩子的过程中多参与互动性的游戏，能够增加亲密感和营造愉快的氛围。

让孩子有参与感、被需要感是孩子在亲子关系中得到爱的重要方式。具体的做法是适当召开家庭会议共同讨论某个话题、让孩子为父母做力所能及的事、认可孩子的正确决定……

案例分析

小言的父母不太擅长对孩子表达爱意，我们采访了长大后的小言，来听听她内心的真正想法：

我的父母都不善言辞，从来不会表达爱或者倾诉自己内心情感，导致我从小性格也很内向，受了委屈大多憋在心里，高兴的时候也不知道如何与大家分享，生怕别人觉得我是在炫耀。身边的很多人都觉得我是一个很深沉的人，有一套自己的想法。在遇到困难的时候，我很少张口向别人寻求帮助，生怕给别人带来麻烦。我在生活中是讨好型人格，最怕欠别人人情，对于别人的热情和主动会觉得无所适从，既不好意思拒绝，又无法坦然接受。朋友评价我是那种拒人于千里之外、冰山型的人。

我一旦交到了真心的朋友就会展现出自己的另一面，渴望倾诉和理解，无话不谈，推心置腹。这导致我的交友圈狭窄而稳定，好朋友一直就那几个，其他人都是点头之交。这样的人格在工作当中还是比较吃亏的，尤其是对交流能力、组织能力要求较高的职位。现在我即将为人母，我想对于自己的孩子，我会毫无保留地表达自己对他（她）的爱，让他（她）

在充满甜蜜爱语的家庭氛围中长大，培养感性、主动、外向的一面。

3.给孩子正确的关注

父母的关注是影响孩子情绪的关键，父母对关注的事情做出积极的、正确的反馈会传递到孩子身上，带来一定的价值。例如，父母关注学习时，孩子才更加下意识地认真学习；父母虽然重视学习，但认为努力大于结果，就会让孩子在考试失利时也能坦然面对。父母关注的方面，就是孩子的未来。

父母的正确关注是需要给孩子正确的情绪反馈。父母应从错误的关注中走出来，看到真正应该关心的问题是什么，再针对正确的关注对孩子表达自己真实的想法。下表给出了一些常见事件的正确关注点，如果以后遇到类似的问题，可以切换到正确关注的视角去看待这类问题。表8举了三个例子，家长可以对照学习，参考其中的话术，然后再思考如何从错误的关注转移到正确的关注。

表8　正确关注举例表

事件	错误的关注	正确的关注	对孩子的话术
孩子考试考砸了	考试结果不好，排名靠后	孩子是否努力了？有哪些失误可以避免	失败是成功之母，让我们一起找找这次失败的原因，争取下次考好
孩子摔坏了贵重物品	贵重的东西被摔坏了，很气愤	孩子有没有受伤？孩子是不是故意的	没伤到你吧？东西摔了就摔了，下次咱们注意就好了
孩子有欺骗行为	孩子的品质有问题	是我的培养方式不对吗？还是孩子不懂这个道理	是爸爸没教好你，这种行为是不对的，因为……

4.学会倾听

一位父亲要给五岁的孩子洗头，孩子不太愿意，说等看完了动画片之后再洗。看完动画片后，这位父亲又开始催孩子洗头，孩子却说要吃零食。等吃完零食后，孩子还在磨蹭，父亲随后用了威逼、利诱、讲道理等方法，却都没办法让孩子乖乖洗头。费了半天的周折，父亲才明白上次给孩子洗头时不小心把洗发水搞进眼睛里了。所以，父亲保证这次会小心点后，孩子才答应洗头。如果父亲一开始就能倾听孩子的真实想法，就不会绕这么多弯路了。

实用工具

其实倾听也是有技巧的，给家长朋友们推荐三个小妙招。第一招是抛砖引玉，自己先说说想了解孩子某方面的话题，再引导孩子往这个方向上表述。第二招是引蛇出洞，当孩子言语含糊时，可以适当猜测，让孩子根据你的话再整理表述。第三招是同病相怜，在认同孩子、同情孩子的基础上，去倾听他的真实想法。让我们看下面的例子。

爸爸：今天学习学得怎么样？

孩子：还行吧！

爸爸：我记得我在初中的时候，每天最想做的就是下课后能跟同学们一起踢球，不知道你们都有什么体育和娱乐活动？（抛砖引玉法）

孩子：我们的活动可比你们那会儿丰富多了，周一和周三是球类活动，周二学校组织飞盘比赛，周五是兴趣课堂。但我对兴趣课堂不感兴趣。

爸爸：是因为兴趣课堂不好玩吗？（引蛇出洞法）

孩子：不是，都挺有意思的。

爸爸：是因为老师教得不好？（引蛇出洞法）

孩子：是呀，我觉得水彩画和击剑课老师的水平还没有去年暑假的老师高。

爸爸：哎，我也曾经有一个不专业的驾校教练（同病相怜法），导致我驾照考了一年才拿到，当时……

5.多喊口号

喊口号有振奋人心的作用，也能提升情绪状态。当忧郁、失落、落寞时，可能一个口号就会把精神和情绪状态唤醒。喊口号是其他语言形式不可替代的，它简短的语言中既体现了所要表达的中心思想，又充满了力量感，还可以随着发声消除消极的情绪。口号朗朗上口、便于诵读、深入人心。不断重复会让喊口号者在心里形成条件反射，震撼他们的内心。“星星之火，可以燎原”“实践是检验真理的唯一标准”等口号虽然在几十年前提出，但现在对一部分人来说仍然耳熟能详，时刻给人以振奋或者警示的作用，也说明了这个道理。

受此启发，家长可以为孩子设计一些口号，让孩子喊出来，用以提升孩子的积极情绪。口号可以原创，也可以借鉴名人名言、经典名句、励志语录等，没准这些口号还能在孩子写作时派上用场。

6.情绪稳定

父母情绪的稳定是孩子安全感的重要保障，它也能帮孩子维持稳定的、积极的情绪。当父母情绪不可控时，孩子就会产生焦虑、恐惧、担心、无助的负面情绪，不利于孩子的身心健康和成长。

据某人描述，她家的小孩特别淘气，怎么教育都没用，她希望心理咨询师能够给予帮助。咨询师去她家观察小孩、和小孩聊天后，很同情这个孩子，因为孩子的父亲经常打孩子。但是一段时间之后，咨询师就觉得奇怪了，这孩子怎么这么傻，明明知道在客厅拍皮球会被爸爸打，他还拍？经过一段时间的了解，答案让人心酸：爸爸经常会无缘无故发脾气、打孩子，发完脾气之后又会很内疚，转而对孩子很好，孩子不知道爸爸什么时候会打他，活得很恐慌，所以就故意找打，这样起码不会一直活在恐慌中。

由此可见，情绪稳定的父母对孩子的影响有多大！

三、扫除影响积极情绪的障碍

要点提示

积极情绪表面上是由情绪状态控制的，实际上却受其背后的家庭环境的底层逻辑影响，此影响将是深远的。认识到这个问题的家长可以现在就着手改变家庭环境，为孩子营造出美好的氛围。

冰冻三尺，非一日之寒。非积极情绪的家庭环境并不是短期内形成的，而是在长期的生活中潜移默化地形成的，甚至已经形成了不健康的家庭观念系统。家庭观念系统表面上不会对积极情绪产生很大的影响，但它的影响却是刻在骨子里的，是从价值观的底层逻辑上影响积极情绪的。我们主要分析三类非积极情绪家庭系统，希望家长朋友引以为戒。

1.无约束家庭系统

特征：表面上开放、生机勃勃，实际上随心所欲、摇摆而无边界，家庭的规则感较弱。

分析：这类家庭中，父母对孩子的养育方式常常会变更，而孩子因为不知道边界所在，所以安全感严重不足。孩子可能成长为随和、大方的人，也有可能变得自私、固执。

应对方法：需要家长主导去建立明确的规范，例如几点睡觉、能做什么、不能做什么。

2. 等级森严家庭系统

特征：父母与孩子的地位不对等，家长的话语权太重。

分析：此类家庭中的孩子容易被压制自我意识，存在感会偏弱。孩子可能会成为敏感、软弱、暴躁的人。

应对方法：尊重孩子的意愿，适当给孩子一定的自主权。多与孩子沟通，并经常表达对孩子的爱意。

3. 对抗冲突家庭系统

特征：父母间不和或父母与孩子的关系不融洽，常常闹矛盾，发生不愉快。

分析：在这种家庭环境下，孩子会产生叛逆、抑郁的情绪，不利于孩子的成长。

应对方法：首先，要关爱孩子，在生活上、情感上给予照顾。其次，给孩子一定的自由空间，对孩子的忍耐多一些，少为不必要的事情起争端。最后，要处理好父母双方的关系。

落地与实操方法：搭建亲子沟通桥梁

① 方法介绍

健康的沟通是健康关系的核心，尤其适用于家庭教育里父母与子女之间的关系。受制于地点、环境、情绪等因素，父母与孩子交流时，孩子不是表面答应、心里不服，就是心不在焉、回避沟通。如果双方无法建立起牢固的沟通桥梁，久而久之，孩子与家长之间的隔阂会越来越大，也容易发展成叛逆或孤僻的性格，影响到孩子的一生。如果苦于书籍和网络给出的方法过于复杂，家长朋友们不妨尝试先从以下三点做起。

② 操作步骤

首先，做一个良好的倾听者。沟通的前提是倾听，在问孩子为什么这样做之前先了解发生了什么。当孩子试图讲述他的故事时，不要打断他，像对待朋友一样礼貌地倾听，并给予积极、真诚的回应，不要以说教的方式向孩子灌输成年人的经验。

其次，了解如何与孩子沟通。作为父母，了解与孩子的沟通方式至关重要，这样才能确定与他们交谈最有效的方式。孩子倾向于在家庭以外的人面前更加保守？还是喜欢与朋友共度时光并与他们轻松交谈？无论是安静内敛还是直率外向，让孩子感到舒适地去交流事情是至关重要的。

最后，每天找时间和孩子相处。大多数时候，父母和孩子的日程安排都很紧凑，特别是学校、作业、朋友、课外活动都占据了孩子的不少时间。亲子交流不仅限于严肃的讨论，还可以通过简单游戏、日常活动等途径达到陪伴的目的。接送孩子的路上，吃饭的过程中，甚至睡前几分钟，都可以促进亲子关系。

③ 举例说明

如果孩子处于叛逆期，父母的倾听就是改善亲子关系的重要环节。叛逆的孩子一方面苦恼于青春期的种种事情，另一方面喜欢追逐潮流事物凸显自己的不同，也很难听进别人的建议。讨论这两方面的问题时，要么孩子说的家长难以理解，要么家长说的孩子听不进去，很容易谈崩。所以作为成年人，家长朋友们要先打破两难局面，成为一个积极的倾听者，让孩子接受自己。在谈话时要全身心关注，深思熟虑地回应，告诉孩子你在用心接纳他的想法。在回应时，除了严肃交流，也可以主动尝试年轻人的潮流，如表情包、热点词语等，有时线上交流反而让孩子更容易接纳父母。

教育的核心是因材施教，沟通也要根据孩子的性格“对症下药”。随着孩子的成长，他们的性格也不是一成不变的。找不准方法，可能会碰一鼻子灰。内向的孩子往往内心更细腻敏感，对于父母无意的举动言语可能都会伤心很久，但也说不出口。对于这类孩子，如果交流不是自然而然的，硬性交流可能不是一个好主意。沉默和陪伴也是一种变相的沟通，给孩子安静的时间，以鼓励他们在准备好时主动敞开心扉。如果家长朋友们想主动出击，可用巧妙的形式进行文字交流，如发朋友圈、写信等，有时这些交流也会成为破冰的利器。

定期的日常活动是与孩子建立牢固联系的绝佳机会。与其等待某个时机，不如抓住零碎的时间，全天各阶段都可以找到机会闲谈。就算工作很累或者出差很久，一句热情的话语或者在微信上发个表情，都可以与孩子建立起情感上的沟通。

第七章 有效沟通

一、有效沟通，改善亲子关系的良方

要点提示

有效沟通是亲子关系的润滑剂，无效沟通是亲子矛盾的导火索。

构建积极情绪的重要前提是建立亲子关系的有效沟通。而什么样的沟通是有效的？要解决这个问题，首先要去思考，我们为什么要与人沟通，为什么要与我们的孩子沟通。

沟通是人与人之间传递信息的途径。我们的情感、想法只有通过沟通才有可能为人所知。如果没有人与人之间的沟通，人们就会变成一座座孤岛，彼此隔绝。而沟通正是连接一座座孤岛的桥梁。人与人之间如此，家长与孩子之间更是如此。如果不主动表达自己的想法，对方就只能猜测。亲子之间往往不存在对彼此的恶意，而有时却会感觉到对方在故意伤害自己。这往往就是缺乏有效沟通而不断去猜测对方想法的结果。家长在与孩子相处的过程中，应当坦诚地与孩子交流，这样孩子才有可能放下负担、敞开心扉，与家长进行真诚有效的交流。

除了能传递信息之外，沟通还对人与人之间的感情有着重要作用。有效的沟通也是亲子关系升温的助推器。孩子会在学习生活中遇到各种各样的问题，此时，他们会期盼家长成为他们温暖的港湾、坚实的后盾，希望家长倾听他们的心声，家长则愿意承担起帮孩子渡过难关的责任。此时如果能运用适当的技巧，与孩子进行有效的沟通，帮孩子走出困境，孩子就会对家长产生强烈的信任感，从而形成亲子间关系的正向循环。

我们在生活中会有各种各样的情绪、想法，如果以适当的方式与孩子分享，就能让孩子把我们当成朋友。在家长与孩子沟通的方式得当时，孩子会觉得与家长沟通是一件快乐的事，从而会积极主动地去与家长分享日常生活中的小事，倾诉生活中遇到的难题。

无效的沟通是亲子矛盾爆发的导火索。用不合适的方式沟通，即使出于好心，也很容易导致负面的结果。当孩子因为考试成绩不理想而伤心，你不忍看到孩子伤心，希望他以后的成绩能够改善，而给他提出了如何改进学习方法的中肯建议。结果却是，孩子非但没有因为得到了有价值的建议而缓和情绪，反而觉得你在责怪他。除了成绩不好而伤心自责外，孩子心头又蒙上了家长不理解的阴影，负面情绪更加严重。自然，你在这种情况下提出的意见，孩子也完全听不进去。甚至，孩子还因此和你吵了一架。

因为时机、方式、语气等不当，有时完全是出于好心的沟通，也会成为无效的沟通，不仅不会起到交流信息、促进感情的作用，反而会成为亲子矛盾爆发的导火索。许多家长不懂得把握和孩子交谈的时机，例如，当孩子专注地做一件事的时候，家长就插进去打开话匣子，或者孩子刚受了批评，心情还未平静，家长就想“趁热打铁”去与孩子沟通等，这样做只会导致孩子的抗拒和不满。

案例分析

小陈、小王和小李三人在同一所中学读书。三人的家长是老相识，经常联络交流。小陈和小王自幼一起学习钢琴，他们都对弹钢琴充满了热爱，在课余时间付出了大量的时间和精力来练习弹琴。在小陈和小王的钢琴水平已经远超同龄人时，小李才从零基础开始练习钢琴。虽然小李也付出了不少努力，水平提升得很快，但毕竟起步晚了四年，与小陈和小王还是有着非常大的差距。

有一天，他们就读的学校要举办钢琴比赛。小陈和小王临近比赛前有重要的考试要参加，因此只能抽出一部分时间来练琴。尽管如此，他们都将这场比赛看得很重要。正式比赛时，小陈和小王都选择了难度相对较高的曲子，但在弹奏过程中都出现了数次不同程度的失误。小李选择了难度较低的曲子，但没有出现一次失误。最终，小王和小陈都没有进入决赛，小李顺利进入决赛，并拿到了第三名。

小王和小陈非常伤心。小王和自己的妈妈倾诉，小王妈妈非常理解小王的心情，安慰了小王很久。她对小王说，自己相信小王的钢琴水平，希望他不要因为一次失误导致的比赛结果不佳而自我否定。小王在和妈妈交流后重拾信心，更加努力地练习钢琴。最终他在更重要的比赛中脱颖而出，一举夺魁。小王在比赛结果公布后，和妈妈开心地拥抱。

小陈也找到自己的妈妈倾诉。小陈妈妈也懂弹琴。在听了小陈的话后，小陈妈妈指出了小陈弹奏中存在的问题，并语重心长地对小陈说："你还是练得少，最近对于练琴都有些懈怠了。现在连晚学琴四年的小李都比不过了，这样下去怎么能行呢？亏我还懂一点钢琴，以后和小王、小李妈妈说起来也太丢人了。最近一个月我要监督你好好练琴，不许去打篮球了。"小陈在和妈妈交流之后，对弹钢琴产生了逆反心理，同时也对自己的弹奏水平产生了怀疑，从此再也没摸过钢琴。自那以后，小陈和妈妈交流的次数越来越少了。

有的时候，家长出于望子成龙的殷切期盼，在与孩子沟通时会忘记考虑孩子的情绪状态，直接提出自己的建议和要求，这样的沟通是无效的。这种状态下，孩子不仅难以听进去建议，甚至容易和家长产生隔阂。小王妈妈首先照顾孩子的情绪，用表达对孩子的爱与信心的方式进行沟通，反而更能激发孩子积极向上。

二、有效沟通，需要掌握技巧

要点提示

掌握三大技巧，让亲子间的有效沟通成为常态：摆正倾听姿态，多肯定孩子，只说自己看到的和听到的。

亲子间有效的沟通，是有一定技巧的。理解并掌握这些技巧，就能让有效沟通成为家长和孩子之间交流的常态。

第一，与孩子交流，要学会摆正倾听的姿态。家长与孩子相处时，一般家长处于相对优势的地位，而孩子处于相对弱势的地位。这也导致在与孩子的交流中，家长往往掌握着更多的话语权。越是在这种情况下，学会倾听孩子的想法也就越重要。想象一下，在你和上级领导交流时，是不是只有领导表现出设身处地理解你的态度时，你才会感觉到足够安全来说出一些自己的真实想法？孩子与你相处时也是这样的。你是掌握话语权的一方，就更要给处于相对弱势的孩子足够的关照，来让他们感到对你敞开心扉是安全的。倾听并不仅仅是为了了解孩子的想法，倾听本身也是促进信任、增进感情的重要途径。让孩子跟你汇报自己的一些情况或者仅仅听孩子讲的内容并不是倾听。要做到真正的倾听，需要在了解孩子给你提供的信息基础上，尝试明白孩子思考这个问题的逻辑，尝试共情孩子产生这种情绪的原因。只有当你真正尝试顺着孩子的思路走时，你才能真正理解孩子的困难和想法，才有可能陪孩子走出低落的情绪，才有可能和孩子一起尝试找到解决的方法。

第二，在沟通中，家长要多肯定孩子。在做到学会倾听之后，你会发现孩子说话行事的背后，都有一定的动机与逻辑，而不是莫名其妙的。虽然他们的逻辑多数不是完善的，可能有不合理之处，但也总有值得肯定的地方。此时家长要学会先肯定孩子。孩子在被你肯定之后，会觉得你懂他的想法，这种时候你再对孩子提出建议，孩子才更容易接受。

第三，最后一个重要的技巧是，只说自己看到的和听到的，避免过多主观的评价。比如，孩子放学后，晚上回家很晚。如果你对孩子说，“你怎么这么晚回家，太不像话了！”孩子会厌恶与你交流，你也不会知道他晚回家的原因。这样做非但没有解决问题，还导致了亲子间的矛盾。如果你对孩子说：“已经快8点了，今天是发生什么事了？等你回家的时候，我很害怕你会遇到危险。”孩子内心其实有着自己判断是非的标准。他看到你为他担心，内心也会过意不去。如果他是被什么事情耽搁了的话，就会主动向你说。这时你可以告诉他，“妈妈很理解你，不过，妈妈希望你以后再遇到这种事可以早点告诉妈妈一声，这样妈妈也可以放心。”孩子多半会发自内心认同你的建议，同时还能感受到来自家长的关爱。如果他是偷偷去网吧、游戏厅才回来晚了的话，你这样的表达也会使他心生内疚，倾向于以后不这样做。

家长只有真正给予孩子爱与信任，才能实现与孩子之间的有效沟通。

实用工具

处理孩子情绪的技巧——“接受、安抚、交流、讨论、实践”法。

首先，要接受孩子现在产生情绪的现状，尝试去理解并寻找解决的办法，不要因为孩子出现情绪而生气。

可以陪伴在孩子身边，用肢体语言或者关心的话，来让孩子感受到你对他的关心和爱。对孩子来说，父母的理解与关心是非常重要的安抚。

在孩子平静下来之后，尝试与孩子交流，了解孩子产生情绪的原因。孩子在你的安抚下平静下来的时候，往往能够对你敞开心扉，这是你了解孩子内心想法的好时机。

在大概明白孩子产生情绪的原因后，你可以和孩子就导致情绪发作的事情平等地展开讨论。你们可以一起分析原因，一起交流想法，互相沟通一下以后遇到类似的事情能做什么。你要让孩子明白，你会陪他一起解决问题，让他不再恐惧遇到类似的问题。

以后真的再遇到类似的问题时，你要践行在你们当时讨论时说的你能做到的事，来尝试帮孩子解决问题。即使最后效果不好，孩子也会在这个过程中对你产生信任，以后遇到困难时，会愿意主动与你交流。这样不但降低了孩子以后情绪发作时的处理难度，也使孩子以后遇到困难时，愿意与你交流，而不是发泄情绪。

三、掌握沟通技巧，助力孩子顺利走出叛逆期

要点提示

掌握有效沟通技巧，让叛逆期成为孩子腾飞的起点。

不知道你有没有遇到过这样的情况：下班后，你拖着疲惫的身子踏入家门。你怀着对孩子的爱开始准备晚餐，打算用一顿丰盛的晚餐犒劳辛苦

了一天的自己和家人们。孩子放学回家后，你想叫孩子一起吃饭。结果孩子却说今天作业很多，径直走向了自己的房间，锁上了房门。你不想自己先吃，打算等孩子出来一起吃饭。过了很久，孩子终于出来了。你们一起吃饭，饭已经有些凉了。你想问一下孩子在学校里的日常生活，结果没说三两句，你们就开始吵架，一顿晚饭不欢而散。

这可能是孩子处于叛逆期时，家长经常会遇到的情况。孩子进入叛逆期后会有什么表现？当孩子进入叛逆期以后，家长又应该怎样做呢？

叛逆期往往出现在青少年十三四岁左右。在这个阶段，青少年正处于心理成长的过渡期，他们的独立意识和自我意识会日益增强。比如，他们会强烈反对父母把自己当小孩，喜欢以成人自居，希望被按照成人的标准对待。

处于叛逆期的孩子往往有很强的逆反心理。在这个阶段，孩子会对家长和老师的行为产生很多意见，认为家长和老师存在各种各样的问题。每当这种时候，孩子还很容易采用各种方式与家长和老师对抗，比如争吵、故意对着干、拒绝交流等。

同时，在这个阶段，孩子的个人意识、隐私意识会觉醒，会出现抗拒父母了解自己日常生活的情况。有的孩子会反感父母询问自己学校生活的情况，有的直接拒绝和父母沟通，或者为了避免父母进一步的询问而编谎话。叛逆期的孩子对于专属于自己的独立空间有着较高的需求，会有锁住自己房间的门、十分反感父母触碰自己的物品等表现。

当孩子出现上述这些情况的时候，说明孩子大概率是进入叛逆期了。在这种时候，家长应该怎样做呢？首先，要正视孩子进入叛逆期这件事。叛逆期是青少年成长过程中很自然的一个时期。此时家长不要因为孩子进入叛逆期而批评孩子，觉得孩子不应该进入叛逆期。这不是孩子能改变的，而是成长中的一个阶段。不过，叛逆期孩子心理上的变化，如果能被正确引导的话，也可能产生正向的影响。可以说叛逆期是孩子人生的重要拐点，父母在孩子处于叛逆期时，如果能适当地运用方法和技巧与孩子进行有效沟通，不仅不会使叛逆期成为亲子关系的考验期，反而能使叛逆期变成孩子腾飞的起点。

当孩子处于叛逆期时，在沟通中要多尊重孩子的想法。不要想孩子怎么不如以前听话了，而要时刻提醒自己，孩子长大了，要逐渐地用对待大人的方式与孩子沟通了。儿童与家长相处的模式，是家长为儿童做安排、做决定，儿童大多会比较依照父母的规划。如果安排或决定出了问题，或者生活中遇到一些其他的问题，也有家长来为儿童兜底。而逐渐成长的青少年则开始尝试自己为自己做决定。在这种时候，家长不应打压孩子，而要在沟通中，让孩子感受到“大人”做决定的权利伴随着为决定产生的影响背负责任，让孩子想被看作“大人”的心理推动他们养成责任意识，而不是一味打压，使这种心理导致与“大人”对抗的行为。

问题剖析

叛逆期是孩子成长过程中必不可少的一个阶段，标志着孩子从心理上逐渐由儿童向成人过渡。在这一过程中，孩子可能出现自我封闭、与家长对抗等行为。但这不是必然的，家长没有必要谈“叛逆期”色变。如果通过有效的沟通，对孩子加以积极正向的引导，叛逆期完全有可能成为孩子腾飞的起点。

家长要顺应孩子的自我认知由儿童转向成人这一点，引导孩子去思考自己做出决定的权利，伴随着为决定承担的义务。家长应身体力行加以引导，让孩子养成良好的责任意识，与孩子相伴做合格的“大人”。

切忌在沟通中一味地打压孩子，试图使孩子完全回到之前听话的儿童状态。在沟通中，不要因为孩子有叛逆期的表现就情绪化，要尽可能换位思考，尝试去理解孩子看似荒诞的行为背后的原因与逻辑，顺着孩子的想法去引导、规劝孩子。要接受孩子在探索如何以成人的方式为人处世时犯错，要给孩子试错的空间，减轻孩子的心理负担，帮助孩子顺利地渡过叛逆期，成为一个负责任的“大人”。

孩子真正明白了怎样做一个负责任的“大人”之后，就会自己主动地去学习、规划、决定。他不会再觉得与你之间是监督与被监督的关系，他会觉得处理好自己的学习生活，是自己的权利也是义务，便没必要再为了应付你的监督去做表面的努力，而是会真正去尝试主动掌握自己的学习和生活。

落地与实操方法：新闻交流法

①方法介绍

与孩子交流沟通时，没有话题是最尴尬的。我们推荐使用“新闻交流法”，与孩子一起探讨新闻，达到交流的目的。“新闻交流法”的好处主要有：

✧ 找到合适的话题，成为亲子交流的接口。

✧ 从新闻和交谈中向孩子传递正能量和正确的价值观。

✧ 语文作文素材和政治题中会有对应，可用于应试。

✧ 让孩子有更多的谈资，培养其社交能力和表达能力。

②操作步骤

每晚陪孩子看新闻联播或热搜，随后讨论相应话题。如果条件不允许，家长也可以每周整理相应的新闻内容，待孩子周末时集中探讨。

③举例说明

爸爸：儿子，你关注到了吗？咱们国家的“福建号”航母下水啦！

儿子：是呀，这可是我国第三艘航母。

爸爸：你知道前两艘航母的名称吗？它们分别是“辽宁号”和“山东号”。

儿子：咦，它们都以我国的省份命名呀。

爸爸：没错，而且“福建号”属于大吨位航母，满载排水量达到8万多吨，它还采用了领先国际水平的电磁弹射技术，这真是咱们所有中国人的骄傲！

第八章

让积极情绪产生价值

一、情绪价值让孩子听话

要点提示

情绪价值的关键在于纠正孩子的负面情绪，有信服力的奖惩和情绪价值是孩子的驱动力。

很多家长认为只要给孩子提供优质的教育资源，孩子就能按部就班地学习，但孩子的视角可与父母不同，可能成年人认为很小的事却对孩子有很大影响，这时就需要父母作为孩子情绪的调节器，即提供“情绪价值”，给孩子带来美好的感受，进而引起正面情绪。

孩子的成长必定伴随着起起伏伏，情绪也会因而波动，但是因为孩子对世界的了解还不全面，经验不丰富，这些会放大对情绪的影响。一方面，要鼓励孩子，给孩子展现优点的机会，人为地增加起伏中“起”的部分，从而带动正面情绪；另一方面，更重要的是在孩子遇到逆境时提供支持。

案例分析

小明是一名初一的学生，从小就被父母赋予厚望，但初中的难度突然增大让他疲于应付，在第一次考试中取得了较低的成绩。小明听说这个成绩排名甚至上高中都困难，顿时对自己的天赋怀疑起来，感到前途十分灰暗，他以为自己将始终保持这个排名，也不再尝试改变现状。

情绪随着外界事件波动是很正常的，但小明的情绪波动过大。我们发现小明只依据这一次考试，并没有充足的事例用来评估自己的信息，却把一次考试的成绩延伸到了未来许许多多的考试，导致得出过于悲观的结论。那父母应该怎么引导孩子产生正面的情绪呢？

有人说，家长首先要纠正孩子对自己现状错误的评估，但这很难有信服力；更重要的是，孩子如果对现状评估得较低，对未来也会有更差的预期，导致未来的结果不好。家长要做的是提高孩子对未来的预期，可以提供一些切实的解决方法，比如和孩子商量如何提升成绩、做一些额外的题目等，并让孩子相信这些方法可以改变现状，从而防止孩子陷入持续的负面情绪。

要想弄明白“为何孩子不听话”，我们首先要捋清驱动孩子的动力何在，以及这种驱动力是如何通过积极情绪产生价值的。让孩子听自己的话，前提条件是你的话是正确的、有道理的。有了这个前提后，再用一定的策略去改变孩子的驱动力。

第一种驱动力是比较实际的奖惩，用来构建信任价值。《孙子兵法》中认为将领们应该严格执行军令，并用公开透明的奖赏来团结士卒，才能让士卒听命，而非通过惩罚的方式。对待孩子也是同样，首先要建立孩子的信任，奖惩每次都能落实，方法才能有效。

第二种驱动力在于先构建亲密关系，产生情感价值。《孙子兵法》里还提到，士兵还没有亲近归附时，就施加刑罚，他们会不服从；不服从，就很难指挥他们作战。教育孩子有点儿类似领兵作战，首先要和对方建立亲密关系，才有可能让他们服从。

第三种驱动力则是为孩子提供兴趣价值，让孩子产生正面情绪。试想如果有同样的工资回报，当你做一份不感兴趣的工作时，常常是应付了事；而做感兴趣的工作时，工资则是对工作的认可，变成了成就感的一部分。对孩子的奖励也是这样，如果孩子完全没有正面情绪和兴趣，即使有奖励，也不会从学习的过程中收获太多。所以奖励只能是正面情绪的辅助，需要从兴趣上将孩子的积极状态激发出来。

二、积极情绪增值

要点提示

积极情绪是应对当下和未来的正面态度，它能让孩子主动发掘潜能。

电影《波斯语课》讲述了一个犹太人为求活命假冒波斯人，然而集中营的军官却要求犹太人教授自己波斯语，在这种艰险的情况下犹太人依旧保持着乐观的情绪，这让他发挥出了不可思议的能力，对波斯语一窍不通的他竟凭空编出了一门语言，保住了性命。积极情绪就像是能力的放大器，让人的潜能得到充分发挥。

回想一下和孩子的相处过程，你有做过这些事吗?

✧ 翻看孩子的试卷时，赞扬孩子做对的题目。

✧ 认同孩子的职业梦想。

✧ 发现孩子的一两个特长，并鼓励孩子进一步发展。

✧ 让孩子掌握一项的技能，如做饭。

可以发现，在做这些事的时候，家长和孩子都对现状更加满意，对未来有更多的期待，这个过程本身就可以拉近家长和孩子的关系，为共同的、或远或近的目标而共同努力。这就是所谓“积极情绪”的培养，积极情绪指的是对当下状态有正面的态度，因此会对未来有更好的期望并努力实现，它不仅能促进亲子关系，而且从长期来看，孩子能受益一生。

你听说过“半杯水思维”吗？有两个人带着同样的半杯水在沙漠中行走，一个人觉得自己“只有”半杯水，而另一个人觉得自己“还有”半杯水，这种思维差异无疑会影响当下的心情，进而影响面对困难的态度。

问题剖析

对于认为只有半杯水的人，喝完半杯水后就是穷途末路，必定会十分节约，不敢走得太远；而认为还有半杯水的人，知道半杯水带来的能量可以探索到沙漠更远的地方，有希望找到新的水源。

再举个例子，你认为政府现在少收1亿税，以后增加1亿税会使经济变得更好吗？有人认为人们会把钱存起来，这样才能支付未来增加的税收，不会有任何区别；也有人认为在减少了税收后，失业的工人们有了工资，他们购买了更多东西，让更多人有了工作……这样即使将来要多收税，这1亿带来的增益也远超它本身了。

这与积极情绪的影响十分类似。在积极情绪的视角下，有了半杯水就可以找到源源不断的水源，有了一点减税就可以让经济繁荣。如果孩子有了积极情绪，发现自己身上的闪光点，就可以主动从中发掘出潜在价值。

积极情绪可以帮助孩子培养好习惯，因为孩子可以看到好习惯对自己的增益，他就会主动形成这些习惯。比如该如何让孩子养成刷牙的习惯呢？首先，要让孩子对现状抱有积极态度，你可以告诉他，他的牙齿十分健康，这是非常难得的。接着，就要通过孩子对未来的期望，驱动孩子做出行动：孩子会希望一直保持牙齿的健康，而只要坚持刷牙就可以做到。有了这个逻辑，孩子就可以从被动刷牙转变成主动刷牙，学习也是一样的道理。

从长期来看，积极情绪一方面能使孩子主动培养好习惯，另一方面也能提高孩子面对挫折、摆脱困境的能力。上一节提到家长应该在早期避免孩子陷入持续的负面情绪，这是因为孩子尚未养成产生积极情绪的能力。但要使孩子有主动调节情绪的能力，还需要从源头上改变。试想如果孩子能在考试受挫的情况下，仍旧相信自己的能力，并主动发掘更多潜能，不就不会陷入负面情绪了吗？

三、学习上的积极情绪培养

要点提示

积极情绪不仅是生活中的，它还可以被迁移到学习上。将积极情绪迁移到学习上，可以借助能力迁移、补短扬长、切换思维三种方式做到。

学习不一定是痛苦的，进入状态后可能会是快乐的源泉。然而，快乐的源泉在没有活水和引导的情况下很容易快速枯竭，下次什么时候产生就可遇而不可求了。积极情绪的理论可以将学习的快乐留存下来，将积极的情绪加持到学习上，会给学习增添无限的动力。

1.能力迁移

以前获得的经验，对之后的学习起到促进作用，这就是学习过程的正迁移。如短跑运动员获得的速度能力，可以成为跳远助跑的加速能力。而孩子在其他方面获取的能力也可以迁移到学习上。

且不说如今国内德智体美劳综合教育的导向，就如今很多优秀学生而言，有一两项特长也是学习成绩之外的标配。以体育锻炼为例，体育运动对学习的帮助作用很大，它可以缓解学习疲劳，分泌多巴胺让心情变得舒畅，更有利进入学习的状态。与此同时，专注、决断、坚持、分析这几个有益于促进体育运动的基础能力，也对学习也十分重要。只是很多家长没有注意到在两者相互的转化中，这种一动一静之间的联系。有些家长总觉得运动后孩子的注意力不集中、容易倦怠，却不知道在运动过程中孩子是多么专注，大脑信息处理和逻辑判断是多么活跃，才会导致这种疲劳现象；家长更不会知道，就是在这种“疲劳”的逐渐积累中，孩子的身体素质和大脑能力实现了长足的进步，这是一个渐变过程。

基本能力的培养是相通的，体育锻炼的坚持也会转移到学业上的坚持。不止是体育，美术、劳动、信息技术、音乐等方面都可以培养孩子某种学习的能力。家长要积极培养孩子的兴趣，并将孩子在该方面的能力转移到学习或其他方面。

2. 补短扬长

常见的学习策略有两种：补短板、发挥优势。这两种学习策略运用好了，都可以培养积极的情绪。补短板，是查漏补缺，也是做错题，巩固陌生知识点，从学习弱项中找到分数提升的快乐；发挥优势，就需要保持和发扬自己有优势的学科，从而找到积极情绪。

3. 切换思维

积极情绪还来自劳逸结合和综合素质养成的过程。比如学习累了就去郊游爬山，读书累了就去看电影。通过思维切换，让大脑得到休息，从而抵消负面的情绪，产生积极的情绪。

但是，休息并不是一定要与学习任务无关，例如郊游爬山回来后可以做写景作文，看电影后可以写观后感。家长可以为孩子量身打造与学习具体内容强关联的放松任务。

实用工具

让休息放松的娱乐活动与正在进行的学习活动相关联，是一石四鸟的策略。首先，孩子会得到充分的、轮转式的休息；其次，通过活动本身，可以提升孩子的积极情绪；再次，参加活动时，可以增强亲子关系；最后，孩子的娱乐活动会加深学习相关的印象。

当孩子读完老舍的《茶馆》时，你可以：

✧ 搞一个书中人物形象的派对走秀活动。

✧ 从书中找到某个点，举办演讲或辩论比赛。

✧ 带孩子去看一部与书本内容相关的电影。

当孩子完全学会数学中一元二次方程求解时，你可以：

✧ ____

✧ ____

✧ ____

第九章

言传身教，身体力行

一、孩子是父母的镜子

要点提示

家庭怎么样，孩子就会表现得怎么样。孩子是父母教出来的，有时候是口头教，有时候是不自觉地用行为影响了孩子。

对于教育而言，一个很重要的环节就是言传身教。父母的一言一行，都会在不经意间对孩子产生影响。这种影响是深远的、不可估量的，甚至会伴随孩子的一生。很多时候，孩子做出的一些表现，都是家庭环境耳濡目染的结果。可以说，家庭怎么样，孩子就会变成什么样。

孩子是父母的镜子。对于孩子来说，他们接触时间最长的人就是父母，他们会模仿父母的生活方式，模仿父母的一言一行，模仿父母的行为习惯。因此，孩子的一些表现，要从父母身上找原因。孩子的一些优点、长处，往往也是父母通过自身示范的方式让孩子形成的。

案例分析

有个妈妈发现，上高中的女儿特别“娇气”，学习半个小时就喊累，弹钢琴练上15分钟基本功就不想弹了。

有人提醒这个妈妈反思，是不是她自己就比较柔弱、经常让别人照顾。她回答：“对，没错，我就觉得小时候父母应该照顾我，结婚了我老公也很照顾我的。”这个妈妈顿了一下，疑惑道：“我从没教过我女儿这样啊。”

其实根本不用教，娇气其实是无意识的行为，就像喝水一样自然，为什么呢？因为这个女孩的家人都很宠着她，爸爸疼妈妈爱，还有姥姥姥爷、爷爷奶奶轮流给她做好吃的，怕孩子上学了营养跟不上。

除此之外，这个妈妈也是过着幸福美满的家庭生活，老公知道承担应有的教育责任，而且天天下厨，这个妈妈结婚后就没怎么做过饭，都是老公做好了后她吃热乎的，她和女儿亲如姐妹，平常也一起逛街。十几年来，这个妈妈在家里是一个“小公主”的角色，女儿也就在不知不觉中模仿了起来。

在这个案例中，很明显可以看到，妈妈的言行对于女儿产生了“镜子”般的效果，具体来说，女儿的性格特点、行为举止都和妈妈非常相似，因此也有类似的怕吃苦、“娇气”的缺点。这就是一个典型的反面案例，妈妈没有给女儿树立正确的榜样，起到了负面的示范作用。反思上面的案例，可以看出父母的言传身教对孩子有多重要。因此，想要成为一个好的家长，就应该学会先从自己做起，严格要求自己，把自己的行为举止通过耳濡目染的方式教给孩子们。

父母是孩子的榜样，孩子是父母的镜子，家庭是孩子的第一所学校，家长是孩子的第一任老师。家长是过去的孩子，孩子是未来的家长。教育家苏霍姆林斯基说：“每个瞬间，你看到孩子，也就看到了自己；你教育孩子，也就是教育自己，并检验自己的人格。”

让我们来看一看家长们都会给孩子做哪些错误的示范。

第一，把自己的烦恼发泄在别人身上。成人的世界就是会有这样那样的怒气和怨言，当疲惫的你回到家，看见乱七八糟的衣服玩具，还有一旁在哭闹的孩子，你终于忍不住大吼："怎么老是哭啊哭啊！别哭了，真是个烦人精！"孩子哭闹一定有他的原因，无论你在外面遇到再糟心的事，有再大的气，也别带着你的情绪去抱怨。你的怨气发泄出来了，孩子可能要用一辈子来消化，同时也会效仿你的行为。蹲下来，心平气和地给孩子一个拥抱，说不定问题就解决了。

第二，日常家庭争执。夫妻俩经常为一些鸡毛蒜皮的小事当着孩子的面吵翻天，事后又言归于好。殊不知我们的敌对、争吵，给孩子提供了一个攻击性行为的坏榜样。我们吵架时的神态、语气语调、用语都被孩子看在眼里、记在心里。让孩子误以为，吵架、谩骂乃至打架都是解决问题的好办法，日后你就会经常看到孩子为了一些小事与小朋友吵架甚至打架。

第三，违反规则。路上堵车了，你将车从紧急停车道上开了过去。后面5岁的孩子问你："为什么我们走这边？"你说："这儿没警察，也没有摄像头，没关系的。"此时孩子就学会：只要不被抓住，做什么都可以。当他长大后面对现代社会的种种挑战、诱惑时，就很难有定力遵守规则、守护好自己。不论是否带孩子出门，都要遵守社会规则。平时也尽量告诉孩子遵守规则的重要性，告诉他，这样做实际上是在保护自己。

第四，答应孩子的事做不到。珍惜孩子的信任，不要敷衍。曾子杀猪的故事就告诉我们，在答应孩子的要求之前，请一定要想清楚自己能不能做到，能做到就答应，不能做到就不要轻易答应。这不仅是在给予孩子爱，让他在爱中成长，也是在用实际行动告诉孩子诚信的价值，这对孩子的影响是潜移默化的，也是深远而持久的。

第五，自己做不到的却要求孩子做到。你告诉孩子吃饭时不能看手机、看电视，自己却在吃饭的时候低头刷新闻、煲电视剧。这种典型的"严于律娃，宽以待己""说孩子一套，自己有一套"的坏习惯不能有。在你给孩子立规矩的时候，也要给自己立规矩，孩子是照着大人的样子来成长的，你只有先做出榜样，才能要求孩子。

二、遇到问题，反求诸己

要点提示

遇到问题，反求诸己的能力是每个家长都必须要有的，但真正做到反求诸己并不很容易，这是因为家长往往是强势的一方，难以与孩子站在平等的地位上去思考问题。

当亲子关系紧张、教育孩子遇到问题时，你是怎么考虑的呢？你是先思索孩子存在的问题，根据问题找到培养孩子的方法论，再改变自己的做法吗？还是反之？如果是后者，那么恭喜你，你是一个反求诸己的人，能因问题的出现优先反思自己。图10展示了这两种思维的不同，其中向上箭头的方向才是反求诸己的正确方向。

图10　两种考虑问题的思维过程示意图

问题剖析

要做到反求诸己，是件不容易的事。这是因为，很多家庭中，其所谓的教育孩子，实际上就是父母基于三种优势来控制孩子：体力优势、经济优势和社会经验优势。但是这三种优势，会逐渐消失，所以家长得及早摒弃这三种优势带来的“福利”，尽早与孩子平等相处。

父母在孩子幼年时对孩子进行强力控制，孩子则用自我伤害、不听话、专门做错事，来对这种控制进行抵抗。道理很简单却不容易被发现：不让孩子活出自由的“我”，孩子就会残害这个受控制的“我”。比如说有些孩子挑食，并非因为不爱吃某种东西，而是不想吃家长安排他吃的东西。这是在长期被控制之后，用来反控制强势家长的手段。这个时候父母就不应该从食物的种类上来解决问题，而是应该从自身改变上来解决问题。

孩子以为父母应该关爱自己，所以一直渴望从父母那里得到认可与关爱，但这种渴望又给了父母继续控制的可能性。所以有的孩子没有从父母和家庭中学到“爱”，他们从给他人造成伤害时，另一方所感受到的痛苦程度，或者对他人施加控制时，对方的服从程度，来判断对方对自己的感情是否深厚。因此越希望与对方形成长久的亲密关系，那就越要伤害、控制对方。这种模式在很多关系中都存在，包括家族关系、朋友关系、夫妻关系、子女关系。一般这种家庭都会成功地“克隆”出在情感缺陷上与父母一模一样的孩子，未来他们会重复自己父母的人生，同样也重复着自己家庭的悲剧。

“教育孩子”是“自我教育”最好的契机，父母的“自我教育”是教育孩子的核心所在，而平等相处、反求诸己则是必要条件。当培养孩子遇到问题时，要首先考虑是不是自己存在问题。家长要做的不是要改变孩子，而是要改变自己，遏制自己的控制欲，你真正地爱孩子，孩子才会真正地向你学习。父母需要多读书、多思考，才能成为孩子的朋友，才可能在孩子人生中遇到困难和挫折的时候帮助他做出正确的抉择。同时，父母要像尊重成年人一样去尊重自己的孩子，在孩子执意要做一件家长认为不对的事情时，家长把利害关系讲明，之后一旦孩子失败，家长则视自己的心情和孩子承受结果的能力，决定是否给予帮助。家长要在孩子遇到挫折时，以施助者的形象出现，而不是去做一个发号指令、视结果进行奖惩的人。做好了这些，再去思考如何反求诸己就会很轻松。

三、亲子互动，共同进步

要点提示

父母身上也有缺点，这些缺点会在与孩子相处的时候暴露，这是改变的好时机。与孩子相处时需要耐心、毅力等，这都是在锻炼自己。与孩子的相处之道，可以用在与同事、朋友的相处中，从而获得成长。

人无完人，这句话对于家长也一样。相信对于绝大多数家长来说，打骂孩子的情况是有可能出现的。仔细想想，这些时候，是孩子真的错得严重到要被训斥的程度，还是只是家长心情不好、情绪暴躁、想要发泄情绪？大多数情况下都是后者。很多家长也知道这样不对，也会后悔自己做出了冲动的举动。这些表明，大多数情况下家长都不是完美的，有时候会失去耐心，有时候会控制不了情绪，诸如此类。

家长们时常担心自己不能成为一个完美的家长，这样的担心是合理的。但很多时候，这样的担忧是无用的。其实，坦然面对自己的不足，也是一种进步。

父母是要和孩子一起进步的。想必看过上文以后，应该懂得了言传身教的必要性，那么是时候把它发挥在这里了。每当父母和孩子相处的时候，发现自己在哪些地方有所不足，做得不够好，可以大大方方地承认自己哪里做得不对，需要改正。这样，孩子可以在潜移默化中明白：一是，父母也是人，父母也有可能犯错，父母是良师益友而不是绝对的权威；二是，父母犯了错也要改正，那么自己犯了错也应该改正。这样做有几个好处：首先，孩子可以逐渐地接受父母的不足，同时也可以通过对比，看到父母身上做得好的地方；其次，可以培养孩子知错能改的良好品格；最后，随着父母在孩子面前改正错误，孩子和父母的情感联系会更加紧密，孩子会更加信任父母，而不是报以排斥抗拒的态度。尤其是对于叛逆期的孩子而言，当看到父母愿意改正自己的错误，和自己共同进步，那么就会更加接纳父母的言行，从而为之后的教育做好铺垫。

实用工具

父母可以在墙上挂一个便签栏，用便签记录了父母与孩子相处时的不足之处。当父母下次改正这些不足的时候，可以在这些便签上做标记，表明自己已改正。这样一来，孩子就会看到父母愿意改变自身，这种行为会一直对孩子产生正面影响。

父母和孩子共同进步的时候，其实也锻炼了父母自己。与孩子相处是需要耐心和毅力的，在与孩子相处的过程中，每改正一处不足，耐心和毅力就会更上一层楼。这对于父母自身也有很大的好处，不仅仅是在教育孩子方面，在自己的日常生活方面也会受益良多。

同时，父母和孩子的相处之道，可以用在与同事、朋友的相处中。在人与人的交往中，难免会有摩擦与不足之处，如果能够像与孩子相处那样克服这些不足，取得进步，你在人际交往中就能收获更多真诚的感情。因此，学习与孩子共同进步的相处之道，可谓一举多得。

四、争做表率，亲身示范

要点提示

言传身教的教育最深入人心，多用好习惯影响孩子。

家长想要通过言传身教的方式影响孩子，就应当做到严格要求自己。只有自己为孩子树立了榜样，才能让孩子朝着正确的方向发展。因此，家长应该争做表率，亲身示范。

很多时候，家长会有这样的疑问：为什么我的孩子这里不好、那里不好，整天回到家就一头扎进手机，空余时间全部用来刷手机，不愿意静下心来学习？这样的问题困扰了无数的家长，家长都期望自己的孩子能够沉得住气、抵抗诱惑，能够屏蔽外界的干扰，能够自发进行学习。因此，如何解决这样的问题，是一个值得探讨的话题。

问题剖析

上面这个问题中，我们主要想解决的是：孩子沉迷手机，将手机作为娱乐方式的首选，并且习惯性地以无价值的消遣娱乐作为休闲方式来打发时间。

出现这种问题，家长不应当先从孩子身上下手，应该先反过来审视一下自己。细想一下，作为家长的你，饭后会不会经常打开电视，或者是坐在桌子前刷手机？会不会经常将刷无聊的短视频充当自己的消遣方式？家长在这么做的时候，是不是都让孩子看得一清二楚？再想一下，作为家长，你是不是很多年没有自己主动学习新知识，或者是在其他兴趣爱好（比如乐器、艺术）上投入时间？如果是的话，那么也许问题就出在这里。

孩子的生活习惯和学习习惯，都是在周围的环境下养成的。如果孩子看到家长在空余时间一味地刷手机，那么孩子就会在潜意识里觉得正常人的生活方式就是茶余饭后刷手机；如果孩子看到家长坐在电视机前看着无聊的节目，那么孩子会认为这是一种默认的生活方式。因此，孩子会觉得，自己看手机也是很正常的一件事情，甚至会觉得父母对自己的指责莫名其妙，因为他们觉得父母也是这样的，正常人的生活方式都是这样的。若如此，那么想要强行纠正孩子，可谓难上加难。

如果父母在茶余饭后，可以捧起一本书坐在灯下阅读，孩子就会认为空余时间多读书是一种很自然的生活方式；或者，如果父母有时间和精力，并将这些时间投入一些兴趣爱好，比如打羽毛球、下棋、演奏乐器或者是摄影等，那么孩子也会看在眼里，并且会对父母所做的事情产生兴趣。渐渐地，孩子也会获得这样的兴趣爱好，并且懂得了如何分配自己的时间，将空余的时间投入到更有价值的活动中去，而不是一味地看手机，被无聊的信息充斥，影响身心健康。

针对这样的问题，解决方式已经不言而喻了。对于父母来说，想要让孩子学会抵抗手机的干扰和诱惑，就得先让自己做到这一点，尤其是在孩子面前。父母要做的，就是降低自己使用手机的频率，最好彻底远离无聊的短视频，这样孩子才能不被这些所影响。

另外要说明的一点是：孩子在学习的时候，父母不必陪着孩子学习。相反，最好千万不要盯着孩子学习。言传身教的最好办法，是父母自己学习自己的东西。不需要限制主题，只要让孩子看到，父母也是在不断学习的，那么孩子就会自然而然地形成学习的习惯。

落地与实操方法：回应关注法

①方法介绍

言传身教、亲身示范是对孩子影响最深远的潜移默化的教育，不过也是家长最难做到的。这要求家长有较高的执行力，例如下班回家后阅读专业书籍来影响孩子的阅读习惯，不当着孩子的面刷短视频和玩游戏……如果做不到言传身教，不妨退一步，从关注孩子的学习与生活开始，用回应的方式传达自己对孩子的关心，达到鼓励孩子的目的，这就是回应关注法。

回应关注法，并不一定是舌灿莲花式的表达，有时候“这次作文很工整”“跳绳一次能跳58个，又有进步啦”等简单的表述，都会让孩子潜意识里认为家长在关注着自己的举动，孩子会获得更高的幸福感，同时在那些项目上更加专注、努力。

②操作步骤

首先，家长需要清楚使用回应关注法的场景。一般来说，在孩子主动做出某项值得鼓励的行为时，可以对其予以回应、加以关注。

其次，家长可以拆分相应的场景。拆分的大粒度场景包括孩子的学习、为人处事过程、体育锻炼项目、家务、生活习惯等。再将大粒度场景继续拆分，以孩子的学习为例，在孩子完成错题订正、完成预习、考试遇到滑铁卢、被老师表扬等小粒度场景，家长可以用不同的方式回应，以表示对孩子学习的关注和在意。

最后，与孩子面对面交流，或用写纸条的方式回应孩子的所作所为时，要以鼓励为主。

③举例说明

回应关注法的话术有很多，不同的场景下有不同的话术。扫描以下二维码，可查看当孩子考试成绩不理想时所对应的话术内容。

第十章

重审亲子关系

每个父母都对孩子寄予厚望，但随着孩子逐渐长大，现实常常偏离理想，许多家长感到束手无策，不知道如何教育孩子、如何让孩子感受到爱。问题的根源就在于，亲子关系会因为孩子的成长、家庭的变故而发生改变，而许多家长没有意识到亲子关系的重要性，自认为应该完全掌控孩子的生活。于是，家庭气氛冷淡了，亲情疏远了，家长对孩子感到失望，孩子则埋怨家长不理解自己。

所以作为父母，有必要了解亲子关系的不同层面，以及如何调整自己的行为，从而维护健康积极的亲子关系，为孩子提供最温暖的家庭港湾。以新的视角看待父母与孩子的多重关系，是美好家庭新的开启方式。在新的视角下，父母与孩子的关系是园丁与花朵、匠人与玉石、教练与运动员、相互陪伴的人生旅客的关系。

一、园丁与花朵

要点提示

孩子需要物质上的满足、情绪上的呵护，也需要理解。

亲子关系的第一种关系是园丁与花朵。一个优秀的园丁，一定会花费大力气来培育一片肥沃的土壤，滋养整个生态系统，让花草树木都能健康生长。此外，一个好的园丁会调整花园里的植被，以适应天气变化和季节交替。从长远来看，在这种多变、灵活、复杂、动态的系统中成长的植物，将比最精心照料的温室花朵更加强健，适应性更强。同样的道理，一个园丁型父母，是一个能够为孩子创造良好成长生态的父母，能为孩子创造一个安全、健康、温暖环境的父母。在这个生态系统里，亲密、有爱的亲子关系犹如肥沃的土壤，滋养着孩子生活的方方面面。而且，这个生态环境里要充满变化、创新和新奇的元素，可供孩子更好地发展，让孩子更能适应未来的挑战和变化。

从生根发芽到开花结果，一株植物的生长需要园丁的悉心照料、科学调理；从呱呱坠地到走入社会，一个孩子的成长也需要家长的细心呵护、尽力栽培。在现代家庭中，孩子往往处在第一位，什么资源都首先倾斜给孩子，好吃的好玩的都先给孩子用；但不要忘了，情绪也是一种资源，家长的不良情绪会传递给孩子。如果孩子正处于躁动期，则更是雪上加霜。正如优秀的园丁会研究花朵的朝向，优秀的家长也会关注孩子的情绪状态，进而引导孩子以积极的心态来面对世界与人生。除了物质与心理上的投入，家长也可以用自己的经验来指导孩子的道路、用自己早睡早起的习惯来培养孩子的健康作息、用自己的饮食习惯来帮助孩子抵制暴饮暴食等。

园丁不会将花瓣摘下来随心所欲地拼成喜欢的图案，因为他知道这样会毁掉花朵。家长也要学会理解孩子，不把自己的意志强加给孩子，才能让孩子感受到自己受到尊重，从而愿意与父母交心，将自己最真实的一面展现出来，畅谈自己的理想与抱负，而不会害怕受到批评。

问题剖析

设想一种场景，孩子很沮丧地回家，手里握着一张50分的试卷，你会怎么办？你很可能看到50分后火冒三丈："告诉过你要细心，要好好学习，你都不听，这下好了，考试不及格……"这样的唠叨和指责，只会让孩子更沮丧。

意大利教育家蒙台梭利说过，孩子不会自己判断自己，他会以别人对他的态度来判断自己。妈妈日复一日的唠叨会让孩子的自信心受到打击，妈妈觉得我不行，所以我不行。

该写作业了，该洗澡睡觉了，该去上学了……妈妈的唠叨会让孩子像提线木偶一样，跟随妈妈的指示行动，失去学习、生活的主动性。而失去主动性，容易让孩子患上"空心病"。

换一种方法："这张试卷你会做的题目有50分，而且你答对的题目都是最重要的知识点。现在我们一起把做错的题目再重新做一遍，这些题目都会了，你这张卷子就可以得100分了。"聪明的妈妈会把唠叨变成指导，在呵护孩子情绪的同时帮助孩子成长。

作为园丁，应该时刻关注花朵的生长状态，何时需要阳光，何时需要雨露，何时又需要施肥。

二、匠人与玉石

要点提示

玉不琢不成器，要想打造出完美的玉石，打磨的方法也很重要。

亲子关系的第二种关系是匠人与玉石。玉不琢不成器，匠人不会把玉石放着，就祈祷玉石自己变成珠宝；相反，匠人会按自己的规划来雕刻玉石，方才得到珍贵的珠宝。现在许多人提倡放养式的教育，认为孩子自己成长也能很优秀、很快乐，这完全是逃避家长的养育责任。如果放养式的教育能普遍成功，又怎么会有这么多的家长为教育焦头烂额呢？无论在什么年代，父母都有义务，也应尽力将孩子培养为一个健全的人，而父母也应认识到培养孩子是需要有一些规划的。

作为孩子的雕刻者，家长对刻下的每一划都要心中有数，对孩子的发展有长期的展望。这种展望不需要多精细，但一定要积极、长远。打磨的方法不是端着板凳看，一定要言传身教、以身作则。在培养孩子的过程中，家长跟上孩子成长的步伐，也能成就更好的自己。

匠人在雕刻时拥有绝对的权威，父母在孩子面前也应该树立威信，说到做到，控制自己的情绪，在孩子犯错时如有必要也可加以一定惩罚，但一定要注意：惩罚是手段而不是目的，不能轻易打骂，更不能将自己在工作生活中受到的伤害转化为对孩子的暴力。对玉石的打磨是不可逆的，对孩子脆弱的内心造成的伤害也可能是不可逆的。在任何惩罚前，都要向孩子说明自己为什么要惩罚，并尽量朝事物好的一面看。

案例分析

匠人在打磨玉器的时候，切忌用力过猛。

有位家长，一直对女儿有太多的期待，希望她能成长为自己所希望的那样。女儿最近上初中了，还不知道为了自己的将来用功学习，也没什么明确的人生目标。他很担心女儿以后上不了大学，没有稳定的收入。交谈当中，笔者就和他说：“你女儿目前还在目标探索阶段，没有找到最终人生目标是很正常的。” 这位父亲立马说道：“我在她这个年纪，志向比我现在从事的职业，要远大多了。”我不知道他当年的远大志向到底是什么，不过我知道他忽视了一个事实。这个事实就是：人生，本来就没有标准模式。他女儿可能确实没有他预期的那样用功学习，但是孩子演讲比赛拿第一，跳舞和游泳也都很出色，而且还是个落落大方、有主见的孩子。

的确，父母之爱子，则为之计深远。我理解这位爸爸以匠人的身份打造孩子以及“计深远”的良苦用心，但是正因为太过用心，他变得非常焦虑，然后他下意识想着塑造女儿的未来，让她按照自己理想的模式去发展。结果，搞得大人焦虑，孩子也难受，还没什么效果。

有些家长，把培养孩子这件事看成是一件工作，凡事都要有个目标或者结果，比如说上个好幼儿园，上个好大学，找个好工作，等等。有的家长甚至在孩子一出生的时候，就对这些目标有了初步的规划。既然有了这些目标，家长就有了的塑造孩子人生的意愿，因此也就每一步都为孩子精心打算和设计，仿佛一步出错，孩子的人生就毁了。这是作为匠人的思想误区，应当避免。

三、教练与运动员

要点提示

教练不一定比运动员更能取得好成绩，但教练一定比运动员更懂得如何取得好成绩。

亲子关系的第三种关系是教练与运动员，父母要把自己当成是孩子的教练。教练曾经也是运动员，对如何训练有自己的领悟与方法，但时代在进步，可能家长的训练技巧已经被淘汰，可能训练的逻辑已经整体改变了，可能孩子自身的认知水平已经比较高，这就要求家长了解、熟悉现在的竞争赛道，从而尽量为孩子量身打造训练方式。

教练并不一定比运动员更能取得好成绩，教练的作用是为运动员提供系统的训练，解决运动员与比赛有关的所有问题，同时做好监督管理工作。家长作为孩子的教练，不一定要比孩子更懂知识，但应当具备一定的教练素养，保证孩子在轨道内安全行驶，了解孩子的学习状态以对症下药，同时在合适的时机启发他、激励他。一个精英的诞生，背后往往有一个“长跑冠军”式的家庭。在教育这场马拉松里，家长们高度自律、毫不懈怠，不仅让孩子成为更好的孩子，还让自己变成更好的自己。

体育记录总被一个一个打破，优秀的运动员并不罕见。“师不必贤于弟子”，随着教育市场的下沉与家长对孩子的重视，“天才少年”层出不穷，小小年纪便展现出惊人的天赋。他们的知识水平可能并不逊于父母，那父母是否就可以撒手不管了呢？答案当然是不行，高智商之恶造成的伤害远甚于常人之恶，父母更有必要教导孩子树立正确的善恶观；另一方面，“天才少年”的故事中，以“泯然众人矣”结尾的不在少数，父母不应过度夸耀显摆自己的孩子，避免给孩子过度的压力，或者让孩子错失学习时间。

如果说运动员只需要关注如何提升自己的成绩，教练则还需要谋划比赛以外的事情，比如起居、心态、时间安排等，担子并不比运动员轻，所以领奖台上的选手们感谢的第一个人往往是自己的教练，孩子长大后最感谢的也往往是自己的父母。

案例分析

热播剧《小欢喜》中母亲宋倩无视女儿英子的天文梦，一味地把自己的意愿强加于孩子。英子即将上高三，宋倩对她的要求严格到“变态”地步：

她要求女儿必须考700分以上。为了监督女儿学习，她把英子房间重新打了一个窗户，可以随时随地观察女儿在房间里做什么。

宋倩给女儿的目标是考上top2的大学，每晚都要求英子做试卷。她还逼着女儿喝所谓的中药汤，而做这一切，宋倩打出的口号都是“妈全是为你好”“你是妈妈唯一的希望”。

英子考第二名后，宋倩对她说的是，还有上升空间，下次一定争取考第一名。英子喜欢玩乐高，但宋倩却把她那些模型全没收了，理由是觉得玩乐高影响女儿学习。电视剧里有一个片段，是英子质问妈妈，能不能不要总逼她做自己不喜欢的事情。

有这么严格的家长，英子一定能有好成绩吧？并不是，英子后来抑郁了，甚至跳过河。

在这个例子中，母亲没有把女儿英子当成一个独立的个体来尊重，最终导致了英子的悲剧。由此可见，教练与运动员目标失配的后果是多么严重。

四、相互陪伴的人生旅客

要点提示

孩子会有长大的一天，相互陪伴是最为珍贵的关系。

亲子关系的第四种关系是相互陪伴的人生旅客。现在人们活到八十岁是很正常的事情，而对许多家长来说，将孩子养到十八岁上大学后就可以适度放手了。在家长适度放手以后，理想的家长与孩子的关系是相互陪伴的人生旅客。这是说，双方的认知水平与基本立场没有较大差异，共享相似的成长环境与社会文化，所以在很多事情上可以相互讨论、相互请教。父母与孩子是天然的团体，血脉的温情是隔不断的。

家长带着孩子把人生旅程的前半段走下来，后面就看孩子自己的发展。前面提到许多关于家长应该如何教育孩子的内容，但你是否想过，孩子将来也会教育家长？智能手机盛行的今天，许多家长也想融于数字生活中，但学起来太过抽象，这就需要孩子手把手地教；网络信息爆炸的今天，许多家长轻信自己在“相亲相爱一家人”中转发的健康小知识，但其中许多都是错的，这就需要孩子帮助鉴别；电子诈骗猖獗的今天，许多家长相信手机那头的骗子，急匆匆地打钱，这就需要孩子及时制止并弄清真相。你可能觉得自己不会犯这些错，但时代变化太快，我们终会落后于时代，需要孩子反过来教育自己。

大多数父母都一门心思地指导子女，教授他们技能，纠正他们的过错，却忘记了亲子关系最重要的元素，就是与孩子们共享快乐时光，和他们一起欢笑、一起成长。父母给予孩子最大的财富，莫过于简单快乐的亲子时光。

案例分析

2012年8月，全国老龄办发布“新24孝”行动标准，“教会父母能上网”“常为父母拍照玩”等内容均有上榜。如果新24孝指南再晚一年问世，“教会父母玩手机”一定能强势占据榜单。追求扁平化的手机交互界面，让对时尚不甚“感冒”的父母，常常迷失在App简单抽象的图标矩阵里，再常规的操作也会变成让他们抓狂的捉迷藏。

在智能手机的教学过程中，可以很明显地感受到金星火星的属性差异。有的父母是依赖型，一部裸机怼你脸上，开口就是求包办的语气，他只管提需求，你负责下载、安装、注册一条龙服务就好；有的父母是固执型，故意不看屏幕上明显的“下一步”，非得问你为什么自己点了没反应……

不服不听，边教边忘，作为子女难免生气。但静下来想想，我们是否能拿出曾经父母教我们时十分之一的耐心来对他们呢？

家长和孩子的相互陪伴很重要，这里的陪伴并不是简单地在一起生活或是每天照顾吃喝拉撒。陪伴是高质量地在一起，能够以对方为中心，比如能够放下手机陪孩子一起游戏、一起学习等。而将来，孩子也会用同样的方式回馈你。

目标管理

做好目标管理的人就好像拿到了人生路线和地图，他能够提前预判前进路上的风险和问题，也会做出比其他人更长远的规划。当遇到困难时，他也必然会有全局的观念和宏大的格局，这足以让他去应对一切艰难险阻。

第十一章

正确认识目标管理的过程

一、立凌云志——定目标

要点提示

有目标，才知道自己想要到哪里去。

“请你告诉我，我该走哪条路？”爱丽丝说。

“那要看你想去哪里。”猫说。

“去哪无所谓。”爱丽丝说。

“那么走哪条路也就无所谓了。”猫说①。

这是《爱丽丝漫游仙境记》中爱丽丝和柴郡猫的对话，猫的回答颇有哲理：如果没有清晰的目标，就不知道自己想要到哪里去，别人也难以提供有效的帮助。我们在前面提到，长期主动学习是要有规划感地去学习，所谓的规划感表现在积极预习、以考代练、及时复习的有机整合。这也就需要孩子提高目标管理的技能，对自己的学习生活有清晰合理的安排。但是，人们或多或少都有惰性，比起达成遥远的目标，选择眼前的快乐更容

① 引自《爱丽丝梦游仙境》，作者：刘易斯·卡罗尔

易让人接受，对于孩子来说更是如此。所以，家长朋友们应该主动引导孩子合理规划自己的生活，让孩子养成做计划的好习惯。

每个人的内心情感都是幽暗复杂的，不能简单地一概而论。一般来说，讨厌做事定目标的孩子大概会有以下几种心态。积极与自家孩子沟通，观察他们的言谈举止，厘清心态才能去对症下药。

✧ 嫌麻烦，自由自在最开心。

✧ 没自信，直接“躺平”准没错。

✧ 惧困难，感觉很累不想试。

✧ 常焦虑，不能完成很烦躁。

第一类孩子习惯于让情绪支配理性，常常想一出是一出，难以专心去完成一件事情。要想扭转思想上的自由散漫，有计划不拖沓，提高孩子的价值感至关重要。在“主动学习”部分，我们说价值感来源于孩子做事的成就感和来自别人的认同。如果在完成某项任务后产生强烈的满足感，孩子自然会主动去寻找并制定下一个目标，越干越有劲。

第二类孩子可能在某些方面遇到过挫折，容易陷入失败的恐惧中，也就没有自信给自己设立目标。譬如，因为数学成绩一直没有起色，自然而然地感觉下次考试也不行，干脆就随便应付一下。对于这类孩子，首先要用他们擅长的东西鼓励他们，建立信心。其次，让孩子相信自己的能力不会一直停滞不前，闻道有先后，几次失败说明不了什么问题。最后，从容易产生正反馈的小目标开始，找准方法，先易后难，孩子就不再会被困难轻易打倒。

第三类孩子感觉自己现阶段还不错，错误地认为再进一步要付出的努力太多。但实际上，付出努力只是成功的因素之一，细节也能决定成败。制订精细的时间表就是细节中的重要一环。优秀的同学往往都能把学习和生活安排地井井有条、忙而不乱。所以，树立一个身边的榜样，让榜样时时引导着孩子去战胜惰性、达成目标是不错的选择。

最后一类孩子对自己要求比较严格，定下计划但不能按时完成的话，会让他们感到烦躁不安。家长朋友们可以用“积极情绪”部分中的方法，先给孩子传递积极向上的情绪。然后，从两个角度出发，帮助孩子规划力所能及的目标。一是合理进行时间安排。如果白天一直在满满当当地学习，晚上就可以适当放松一下，不然效率也不会太高。二是准确衡量个人能力。如果当前水平背15个英语单词需要半个小时，那就不要寄希望于一刻钟背完，即使着急也无济于事。

我们分析了孩子抵触目标的几种常见心态以及相应的解决方案，之后，便来告诉家长如何制定一个合适的目标。

目标的标准化，需要遵循SMART的五项原则：

第一，S：Specific，明确的，具体的。比如，你的目标是要幸福，这个目标本身没有错，只是办不到而已，因为幸福的定义不明确，所以不知道该做什么才能达成。那怎么办呢？你想要幸福，就一定要有所行动，因此，你可以把这个目标用清晰明确的行动指引来替代。比如，我的目标是每周和孩子有深入交流，每周能带孩子去看一次电影，每年去旅行一次，等等。

第二，M：Measurable，可衡量的。目标是否达成，需要可以被衡量，比如我的目标是让孩子跟我和谐相处，那么怎么样才算和谐相处呢？这个无法衡量，我需要加上一组数据维度，比如说“一年内和孩子的冲突次数不能多于2次，每周至少交流1次”等，这样就能衡量是否达成目标了。

第三，A：Achievable，靠自己可达到的。你不能定一个不可实现的目标，比如从五音不全到成为歌星，这个目标离你的现状太远，遥不可及，你几乎不可能在一年之内实现。你可以先定一个可实现的小目标，比如参加唱歌培训班，并通过毕业考试。然后去K歌软件上传翻唱录音，获得100个粉丝、100个点赞。如果这个目标能达成，再定一个远一些的目标，就会比较靠谱。否则，会因为目标与现实差距太大，而让自己始终处在焦虑的状态，也不知道如何迈出下一步。

这里要强调的一点是，目标的达成，一定是自己的力量可以控制的过程，而不能把目标达成与否，寄托在他人或者不可控的事情上。比如，你将目标定为“让孩子期末考试考第一”，但你不能控制这些，因为决定权在孩子，你可以改成“从现在开始到期末，每天督促孩子完成功课”。

第四，R：Rewarding，完成后有满足感。不能设定太远的目标，那就设定一个近一些的、容易实现的目标，可不可以呢？那你就需要衡量，当你完成这个目标的时候，是否能够满足你的存在感？太近、太容易的目标，即便完成，你也不会有愉悦感和满足感，那么这就不是一个好目标，会让你在过程中失去对它的渴求，也就没有了动力。

第五，T：Time-bound，要有时间限制。一定得有时间限制，不然任何目标都没有意义，比如我的目标是赚100万，那要准备多久达到呢？1个月、1年、10年还是50年？不同的时间限制，会导致你思考的方式、制订的计划完全不同。如果没有时间限制，这个目标就会成为空想，起不到任何作用。

问题剖析

每天小明都会定一个计划，周一是早睡早起，周二是锻炼身体，周三是好好学习……但到了周末，哪项任务都没有顺利地完成。小明也很苦恼，明明自己都已经在做计划了，为什么行动还总是跟不上呢？

这些目标其实并不合理。管理学研究认为，只有符合SMART原则的目标才是合理的。SMART原则强调，我们设定的目标要是明确具体、可衡量、可实现、具有满足感、有时间限制的，而且不同目标之间要有逻辑关系。

小明“锻炼身体”的计划既不清晰，也没法衡量完成情况。如果改成“晚上8点到9点在操场跑步3公里”，这个目标就是具体的，结果是可以量化的，不仅在小明的能力范围内，而且也规定了明确的时间，就完美地符合了SMART原则。

细心的读者会发现，这样改变是可以把单个目标变得更具体，但还没有解决目标之间的相关性问题。单个目标就好像是拿起弓箭去射靶子，而目标之间的相关性体现在射中了靶子之后可以收获荣誉和其他好处。这就需要进一步发掘目标的价值感，换句话说，要让孩子知道目标有什么用。“有用”可以分为两个层次：达成目标对我有什么帮助，以及我完成目标后可以做到什么。

案例分析

“晚上8点到9点在操场跑步3公里”，对于这个目标我们能对孩子说些什么呢？为什么从事体育锻炼活动？因为这样可以吃饭香、少生病。多问几个为什么，就可以帮助我们重新审视任务并给目标赋予价值。

“每天背15个英语单词”，对于这个目标我们能对孩子说些什么呢？可以让以后阅读英语文章更流畅，口语表达更流利，考试取得更好的分数等。这些都是可以的，但一般认为，预期收益距离当前时间越久，打的折扣就越多。所以，让孩子再阅读一篇英语短文，实际运用刚刚学到的单词，是最能直观感受到“我完成目标后可以做到什么”的方式。这样不仅巩固了单词的记忆，还可以提高阅读理解能力，一举两得。

最后，不管对于长期打算，还是短线计划，凡事都要力争有条有理、周密规划，运用到生活中的方方面面，如学校学习、课外练习、兴趣爱好、体育锻炼、家务劳动等。持之以恒，孩子就能锻炼出更加严谨的行为习惯，也会彰显出更为自信的精神风貌。

二、行修远路——落实计划

要点提示

落实计划才是对目标的尊重，从而收获幸福感和自信心。

制订计划后要认真落实，否则目标就变成假大空的漂亮话。虽然“积极情绪”能帮助孩子维持主动学习的状态，但几个月还好，长期坚持未免会感到枯燥乏味。很多人说兴趣是最好的老师，在落实学习计划这件事上也不例外。如果孩子缺乏学习兴趣，与其威逼利诱、大发脾气，不如想办法让孩子做学习的主人。

首先，孩子是学习计划中的主体，要给予孩子足够的主动权。试想，如果常唠叨“每周要做一次打扫，为什么还不去干”，那可能孩子本来是想打扫的，一听这话就产生逆反心理，故意和家长对着来。但把计划的决定权完全交到孩子手里也不太合适，容易陷入舒适区，不用付出多少努力就能实现目标。最好的做法是去了解孩子的学习需求，鼓励孩子自己定计划，然后父母根据孩子的能力进行修改。

其次，有充足的动力才能更好地执行计划。俗话说，要想马儿跑得快，就给马儿多吃草。这个“草”可以不单单是完成任务后的物质奖励，积极情绪的激励也会让孩子更有干劲。比如当孩子作业完成得很好时，鼓励他“今天的作业做得真棒，作文比之前有了很大进步”，接下来再提供个小窍门，让孩子在学习中保持较高的兴趣。

实用工具

在开始繁重的工作之前，很多人喜欢买一杯咖啡或者沏一壶茶，告诉自己今天也要好好加油。我们不喜欢某件事的原因可能是无法直接带来快乐，或者要付出很大努力才能完成。积极的心理暗示和良好舒适的环境，能在很大程度上化解枯燥烦闷，提高我们学习和工作的效率。给孩子购买印有他喜欢角色的笔记本，或帮助孩子装饰他的书桌和书架，都可以让孩子有充足的动力，以便更快地进入主动学习的状态。

另外，计划总赶不上变化，要灵活调整任务安排，达成一连串的目标。任务分为轻重缓急，我们更偏向于完成即将截止的比较重要的任务。如果一个任务很重要，但因为它的截止时间比较遥远，我们在潜意识里会认为还有充足的时间，过段时间再做也可以。拖着拖着，没那么紧急的任务也会完成得手忙脚乱。所以，要把重要的大目标拆解成一个个小目标，给每个小目标设定时间限制，随着小目标逐个攻破，大目标也就能顺利实现了。

最后，没有流程化的监督、提醒就容易让人产生惰性，因而使得计划泡汤。在学校里，老师会去检查作业是否按质按量地完成，周围同学也能提醒没有做完的事情。在家里，家长就要及时关注任务的实现进度，耐下心来和孩子分析问题出现的原因，共同商定改进的方案。孩子也可以借助一些日程管理软件，提醒自己一天中依次要做的事情，也方便之后对完成情况进行分析评价。

三、入登高境——正循环

要点提示

主动学习需要进入正循环中，通过设定目标、完成计划后逐步增强信心，然后继续设定新目标、完成新计划，从而形成正向的、良性的循环。如果能完成这样的正循环，就会踏入登高的境界，会一往无前地克服困难。

有心的家长可能会问，当制定目标、完成计划后，下一步该干什么呢？下一步当然是制订新的目标，完成新的计划，取得新的成功，形成正循环。

当完成自己制定的目标后，当人们成功一次后，积累的优势不仅仅是外在的资源和机会，他们还会产生一种内在的提高，我们称这种提高为胜利者效应。胜利者效应说的就是，你的成功会提高你下一次成功的概率，这种概率的提升是心理变化带来的，也就是说，它是一种心理上的“马太效应”。这种现象产生的主要原因是当人们在某个方面获得成功之后，那么他能得到一定的信心、勇气和经验，去获得更大的成功。

案例分析

聪聪初一、初二的成绩基本上排在班级20名左右。但是初三的时候加了化学这一学科，因为他对化学老师比较喜欢，所以更认真地学习。第一次月考的时候，他的化学成绩排名进了全班前三，其他科目还是中等水平。但是从那之后，聪聪的成绩就提升得特别快，慢慢地各个学科都进步了，中考的时候考了全班第二。

这是一种高峰体验，当你享受到一次成功之后，你就会很自然地渴望继续维持它，并且为它付出努力。这么一次小小胜利，会让我们产生更多的自信和干劲，甚至在思维上发生巨大的改变——很多事情，原来努力就可以达成。如果一个人的努力得不到足够的奖励，比如金钱、赞美、地位或是其他，那么人们就会开始懈怠和焦虑，因为他们觉得自己的努力毫无用处。而一个小小的胜利，可以让人们愿意继续投入和努力。胜利者效应的本质是一种内在奖励，让你产生对自身能力的肯定。因此，你会不自主地加大投入和精力，而这些资源投入又会让你在下一次更容易获得成功。这一效应也可以用来培养我们的自信心。我们可以给自己设立一些简单的任务和计划，当我们完成了之后，再去改进和设立更加困难的模式。这样，我们比那种想着“一步登天”的人更容易完成目标。玩游戏不也是这样嘛？系统为了让你产生信心，一开始会给你匹配人机和较弱的对手，让你产生信心，进而继续玩这款游戏。当你体验到一次又一次的胜利之后，你将会更自信。

学习计划和任务对于孩子来讲，一般都是非主观意愿的，也是不符合人的本性的。虽然抑制享乐的本性比较困难，但一旦体会到达成目标后的快乐，这种快乐也会为下一次制定、实现目标提供帮助，整个过程就变成了良性循环。

要想进入学习的正循环，最重要的是克制对学习的心理障碍，调整对学习的价值认知，由被动学习变成主动学习，时刻准备进入学习的积极状态中。家长朋友们不用担心孩子的正循环来得太迟，也不必为孩子学习计划的破产而沮丧，从现在开始立凌云志、行修远路，把制定目标、落实计划的方法用起来，开始去做就成功了一半。

之后，我们会讨论具体的目标管理机制和目标管理策略，以及如何提高孩子泛在的目标管理能力。相信读完后面的内容，家长朋友们就能对培养孩子的目标管理能力有更清晰的认识。

落地与实操方法：学习关键成果法

①方法介绍

学习关键成果法借鉴管理学领域的OKR目标管理方法，并在此基础上做了改良。传统的OKR方法是制定明确的目标，以及确定为了达到目标的关键行动。根据二八定律，80%的成就由20%的努力带来。而在学习领域，也要找到那最关键、最核心的20%，并行动起来。

②操作步骤

首先，与孩子一起确定学习上的目标，这个目标一定是明确的、具体的。可以参考前文的SMART原则去制定目标。

其次，父母和孩子共同商讨，列出为了达到这个目标而可以采取的行动。

最后，从行动中找出可以落地的、最关键的2~3条，开始执行。

③举例说明

田田期中考试考了班级第二十名，主要是语文拖了后腿，满分150分仅考了98分。田田爸爸决定和田田一起解决这个问题。

制定目标：争取期末将语文成绩提升到120分。

关键行动：1.每日练字20分钟，提升卷面整洁程度。2.广阅名著，积累素材，每周暂定3小时。3.复习课本知识，临睡前背诵书本中出现的诗词。4.学习不同文体的写作技巧，用写周记的方式去践行。5.购买考试模拟题，每周末练习。

田田和爸爸分析后发现，田田失分之处主要在作文，作文往往只能得一半的分数。而田田平时的学业比较忙，还要照顾到其他学科，于是他们决定按照4、1、2的顺序去执行关键行动，同时舍弃了不太重要的3和5行动。

第十二章

学习目标管理的策略

一、精准定位，摆正位置

要点提示

正确评价自己是学习规划的基石，要了解当前水平，更要了解潜力何在。

相信家长都会对孩子进行评价：成绩在班里的什么位置？擅长什么学科？孩子的性格适合从事什么职业？其实这里的评价通常有两层含义：孩子的当前水平和未来的潜力。

当前水平通常通过成绩、老师的评价、和同龄人的比较就可以得到，但需要家长广泛搜集各方的信息才能得到更全面的评价，比如仅仅和自己班上的孩子比较，不能得到孩子在全市的排名情况。这就需要参加一些全市范围的考试，或者了解自己学校在全市的排名情况。

但当前水平只代表了这一时刻孩子的情况，也许更多家长关心的是孩子的潜力。那么怎么合理地评价孩子的潜力呢？仅仅通过学校的成绩吗？每个孩子的成长环境都不一样，可能会因为早期没有进行相关的学习，而在某些学科上有偏科的现象。

案例分析

在雪梅老师的班级中，小王之前在课外接触过加减法，已经非常熟练，而小刘是第一次在课内学习加减法。小王取得了更高的分数，受到了赞扬；小刘虽然在天赋和努力上都不错，但不免因为成绩不好，对自己产生了“不擅长数学”的评价，甚至对数学产生了厌恶的心理，导致数学更加不好。

小刘通过成绩评价自己的行为错了吗？显然在“当前水平”上，他确实落后于小王，但他并没有从全局看待他和小王的情况。从旁观者的视角很容易发现，小刘和小王处于不同的学习阶段，小王已经达到了熟练的状态，而小刘才刚刚起步。将这样的两个孩子直接比较，并给小刘做出“不擅长数学”的评价，显然是不妥当的。这时就需要家长发挥作用，鼓励孩子不要被成绩打击，培养孩子的自信，从而形成一个“正反馈”的机制，即对自己更正面的评价，可以促进孩子更好地学习，而学习得更好又能进一步带来正面的评价。

你听说过学习曲线吗？它源于“二战”时期的飞机工业，当产量上升时，生产每架飞机的劳动时间会极大地下降，通俗地讲就是熟能生巧。在学习上也是一样，如果孩子刚刚学习一个知识点，则必定会有一个缓慢学习的阶段，也许你会觉得焦虑——“为什么别的孩子都学得很快”“孩子是不是不擅长这个学科”，但也许孩子只是处在缓慢积累的过程，在一段时间的适应后才能进入到熟练的阶段。这时候千万不能把这种负面评价施加到孩子身上，否则孩子也会怀疑自己的能力，甚至产生厌学的情绪。那么怎么产生一个合理的评价呢？

既然不能将成绩作为唯一的衡量标准，让我们重新思考如何评价孩子的潜力。顾名思义，潜力是难以被直接衡量的，但如果接近潜力上限时，吸收新知识会变得困难，所以可以通过观察孩子接受新知识的速度来预测孩子的潜力有多大。同样，如果要比较孩子的潜力，也不再直接通过成绩来比较，而要比较在同样的学习阶段吸收新知识的速度。回想一下孩子在各个学科上是否有如下的表现：

✧ 在课堂上就能理解大多数知识点，不需要课后做大量的巩固就能掌握。

✧ 很快就能完成这科的作业。

✧ 对这科感兴趣，愿意与父母或同学交流相关知识，或自行进行拓展。

✧ 成绩提高速度快，比起同龄人进步更快。

✧ 在困难的题目上得分率高，有着一定举一反三的能力。

✧ 可以提出自己的思考和观点，展现独立思考和创新的能力。

这些都表现了孩子在这科上的潜力，如果你的孩子在某个学科上符合以上部分条件，可以为孩子提供更多的学习资料进行拓展，使这个科目成为孩子的长项乃至特长，让孩子的潜力得以充分发挥。

如果潜力欠缺也不必气馁。一方面，如果是规避不了的学科，只能迎难而上，多加练习，同时家长也要多多关心孩子的学习进度，避免跟不上学校进度而产生负面的心理。另一方面，也要扬长避短。其实每个孩子一定都有擅长的方面，家长的任务是发掘孩子潜力。你看过黄豆榨汁的过程吗？潜力就像黄豆，如果已经榨成了豆渣，再怎么努力也无法榨出更多豆浆了。这时只有接受潜力欠缺的事实，转向孩子的长项进行培养。

所以，排名、成绩都不足以作为评价孩子的唯一标准，一定要结合孩子自身的发展规律来判断孩子的潜力，在此基础上扬长避短，发挥出自身的优势。

二、树立竞争意识，淡化排名分数

要点提示

排名和分数也有偶然因素，关注孩子的长期发展，从错误中吸取教训。

在主动学习部分，我们已经建议家长淡化分数和排名，这种意识在目标管理下仍然要坚守。家长在给孩子定目标时，不能完全盯着分数和排名看。学校经常有大大小小的考试，有了考试必定少不了排名，有了排名必定少不了焦虑。但考试只是学习的一部分，除了真实的知识水平，还有太多的偶然因素影响了考试成绩——外界的干扰、健康状态、心情、考试题型……可能这次考试时因为受到教室外的噪声干扰丢了几分，下次没有了噪声就不会受到影响。如果把注意力放在这些因素导致的几分之差，并不能从中吸取太多学习相关的教训，还免不了孩子和家长的矛盾，白白浪费了很多精力。不如看看多次考试成绩的趋势，如果能形成长期提高的趋势，那某一次考试的不如意又算得了什么呢？

成绩的起伏不仅仅引起家长的担忧，也免不了激发孩子的攀比情绪。家长首先要转变观念，不要影响孩子的情绪，也可以引导孩子更多地关注学习效果，从实际能力的进步中获得成就感，比如学会了加法就可以在买菜时帮着算一算找零。这些实际生活中的应用，都可以让孩子发现“原来学习加法不仅仅是为了好的分数啊”，这种方式能激发孩子的学习兴趣，也能淡化成绩在孩子心中的重要性。

但与此同时，也不能忽略了竞争，具体来说，就是成绩和排名的竞争。我们不可否认任何地方的优质教育资源都是有限的，大多数地方高中升学率不足50%，在重视学习效果的同时，也要有竞争意识，与大环境对孩子的要求达到一致。比如在面对升学考试时，家长都会了解一下理想学校的录取排名是多少，并督促孩子为这个排名进行努力。这种竞争意识应该体现在设定一个关于成绩和排名的长期目标，比如可以和孩子做学习规划，期望半年后排名第几。由于进步是一个循序渐进的过程，不可能打破自然规律，考试又有很多偶然因素，达到长期目标的过程中必定会经历成绩的起起伏伏，我们必须要接受这种变化，这就是前面所说的"淡化排名和分数"了。

既然说考试有很多学习以外的影响因素，考试成绩的高低并不能得到太多的经验教训，那如何从考试中吸取经验和教训呢？

问题剖析

一方面，考试和平时的作业一样，都能体现近期学习是否遗漏了一些知识点；另一方面，回想孩子平时写作业时，是不是有时候会开小差？有时候会因为没有复习而遗忘了课上的知识点？这都导致了作业中的许多错误，但考试却不同，孩子在考试时通常比起练习状态会更为投入，也进行了一定的复习，如果仍旧犯错，很可能说明了他没有掌握这个知识点，因此为我们敲响了警钟！

但从本质上，这些错误和作业中的错误性质一样，只是更加精确地体现了学习的遗漏，也就是说考试中的错误非常有价值，我们可以对每个错误分析原因，让孩子多加练习类似的题型，力图下次避免类似的错误。

考试的次数毕竟有限，可能每个月才有一次考试，但每天都会学习新的知识，仅仅依靠这少量的考试进行学习成果的评价是不充分的。家长平时可以多带着孩子做些测验，及时地发现孩子哪些知识学得比较薄弱，从而把这一个月的时间切割成小的时间段，更好地监督孩子的学习效果。从孩子的角度看，如果仅仅是为了考试学习，可能只是在考前突击一下，忽视了平时的积累，而如果增加一些测验的话，每次学到新知识都会立即体现在测验的成绩上，也会更有成就感和动力。让孩子把每次测验当成重要的考试，给自己设定一定的目标，有利于做合理的学习目标管理。

三、应试能力与目标管理

要点提示

应试能力和知识水平同样重要，应有意识地加以训练。

影视片中常常有狙击手射击的镜头，狙击手也许实际水平各异，但最后决定成败的只在于关键的一枪，也许有恶劣的气候、紧张的气氛、巨大的体能消耗，而狙击手能做的只有克服这些不利因素，击中目标。中高考也是一样，无论平时成绩如何，成败在此一举。

这就人们所说的“应试能力”，它是一种综合能力，与真实的知识水平不那么相关，而应对压力、短时间反应、调动已有知识的能力等才是重要的影响因素。换句话说，应试能力就是把已有的知识水平发挥出来，得到尽可能好的成绩的能力。

也许有人会觉得，学习只要学到知识就可以了，考试只是一个形式，但其实学习和考试是相辅相成的两个方面。一方面，孩子必须面对一次次的升学，既然升学之路都是以考试作为衡量标准的，比如中高考，那我们便去适应这样的标准，在同样的知识水平上获得更高的分数，不也一样能达到追求的目标——更高的成绩吗？另一方面，大大小小的考试目的是衡量学习效果，但如果在应试能力上出了问题，总是犯一些与学习无关的错误，那也会影响对学习效果的衡量。

做个类比，把学到的知识发挥出来很像大脑的开发，也是想要把潜在的能力发挥出来。研究表明，在任何时候，我们大脑的功能区都不会同时工作，同时工作的只有10%。考试也是一样，在压力、新的题型等因素影响下，很多本来已经掌握的知识都无法发挥出来，这就需要有意识地训练应试能力了。

实用工具

考试时不可能所有的题都在平时遇到过，考验的就是通过已有的知识举一反三的能力，以自定义运算符号的数学题为例：

定义一种符号@的运算规则为：a@b=a+2b，试计算：3@2=__________

这涉及的知识只有加法和乘法，却需要在考场上理解一种从未在平时遇到过的定义，这就需要对加法和乘法的熟练掌握，以及灵活应变的“应试能力”。

因为考试题型千变万化，应试能力没有通用的训练方法，而需要孩子从考试中不断摸索。培养应试能力最直接的方法就是多刷题，刷题可以接触更多的题型，熟悉考试的过程；另一方面，要把刷题和学习的过程交叉着结合起来。“学而不思则罔，思而不学则殆”，刷题就类似于思的过程，学固然重要，但课本上的知识更多的是概念和一些通用的方法，题目可以让孩子看到这些知识如何被应用在具体的情景中。比如课本上教授了解方程的方法，而题目中会涉及大量的实际场景，在把这些实际场景转换为方程的过程中，孩子也会对方程有更深入的认识。换句话说，题目训练的是灵活应用所学知识的能力，这也正是考试要考查的能力。

除了平时的训练，考试前有意识地调整孩子的状态也很重要，家长应引导孩子调整到适当的紧张状态，长此以往便能形成条件反射，即只要遇到考试就能快速地进入状态。

需要说明的是，做兴趣类应试相关的目标管理时（例如钢琴考级），还应当尽量避免放弃。图11显示了一个兴趣爱好从入门尝试到突破或放弃的过程，由此可见适当的坚持是非常重要的，坚持就是成功。

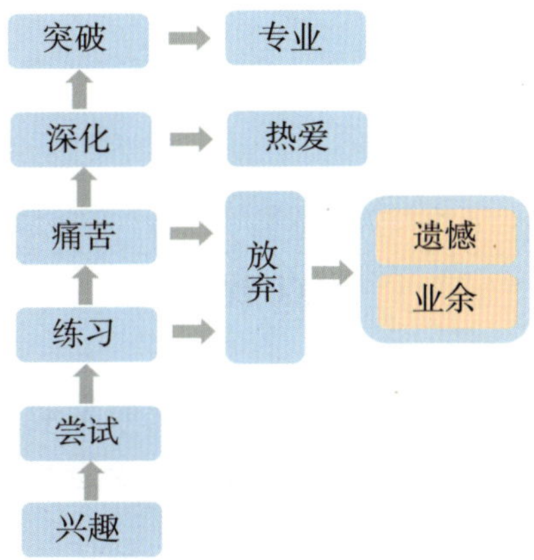

图11　由入门到突破或放弃的兴趣生命周期图

第十三章 目标管理策略

一、主动选择合适的目标

要点提示

在目标管理策略中，孩子的主动性和目标的合理性是家长要考虑的两大核心要素。进入主动学习状态后，孩子会乐于制订计划来不断提升自己。

谈到目标管理，有些家长可能会有这样的苦恼：帮孩子制订详细的日程表后，总无法按照计划执行。的确，当孩子找不到方向的时候，家长提出恰当的帮助是情理之中的。但家长下功夫了，孩子也不是不努力，但最后的结果却是谁也不满意，这中间存在什么问题呢?

问题剖析

有一天，妈妈在打扫房间时看到小明闲着，就说："小明你也做一下卫生，咱们说好每周收拾房间的，这周都快结束了还没做。"结果小明一听这话不乐意了，说：“本来晚上打算去做，妈妈你总是催，我之后也都不做了。”

在这件事情里，妈妈让小明做卫生没有错，小明有自己的安排也没错，矛盾的爆发是因为沟通上出了些问题。如果妈妈在提醒小明时尽量避免指责的语气，商量着来，小明也体谅一下妈妈的辛苦，其实完全可以避免矛盾的发生。所以，家长在给孩子自主权的同时，可以用朋友的身份适当监督，让孩子逐渐掌握自己的生活节奏。

学习亦是如此。制订、落实学习计划归根结底是孩子自己的事情，家长和孩子沟通不充分就容易出现家长订计划、孩子不落实的情况。要想调动孩子的积极性，进入主动学习的状态，首先是让孩子找到对学习的控制感。这样的孩子成长起来既不会是“乖乖”的孩子，也不会是“叛逆”的孩子，遇到问题时会充满自信、迎难而上。

找到对学习的控制感其实也不难，简单来说就是让孩子主动把任务列到计划中。比如，家长可以暗示孩子要达成什么目标，然后引导孩子主动思考接下来要做什么事情、做什么准备，才能达成最终的目标。一旦把定目标的权利从家长转移到孩子身上，学习的主导者就变成了孩子自己，落实计划的时候自然更有干劲、不会拖沓了。

在孩子有主动性之后，还有一个问题是如何帮孩子规划合理的、个性化的学习目标。部分家长可能会认为这是学校应该做的事情，家长不了解老师教授的知识，无法帮孩子制订学习计划。但考虑到现在学校普遍采用大班教学模式，让老师深入了解每个孩子的情况后因材施教是不太现实的。而且家长朋友们往往也不需要掌握具体的知识，同样可以参与到孩子的日常学习中。

经验之谈

把握孩子的学习节奏，要详细了解孩子的学习历程。在完成一套试题后，家长可以陪同孩子一起分析对错的原因，尤其是深层次的原因。比如语文作业没写好，要询问孩子是题目不懂、素材不够还是时间没留充分，对症才能下药。

把握孩子的学习节奏，要动态地调整孩子的学习计划。家长可以和孩子沟通，把难度动态地调整到适合孩子的水平。例如，孩子原本计划每天背15个单词，但家长跟孩子沟通后发现，孩子背过的单词不能得到有效的复习，就可以适当减少任务，留出足够的复习时间。

把握孩子的学习节奏，要有长远的目标和及时的反馈。如果孩子嫌做题太多，然后一直减量，就容易陷入舒适区。这种情况下，可以去了解与孩子水平相近的同学的情况，参考别人的方案确定一个长远的目标。然后，还要帮助孩子把大目标拆解成小目标，从而获得及时的反馈。

总而言之，适合孩子的才是最好的。通过有效沟通来消除与孩子的距离，既提高了孩子的积极性，也能让家长少操一些心，获得双赢的结果。

二、长期目标完成情况的全面评价

要点提示

评价目标的完成情况是目标管理策略中的关键环节。

相信我们都会评价一个长远目标的完成情况：年底会不会升职，期末考试有没有考到班级前20名，有没有每周坚持运动等等。长远目标的完成情况可以分为三种：目标完全实现、目标部分实现和目标基本没有实现。

目标完全实现是不是可以宣告大获全胜了呢？也不一定。可能是目标定得不高，导致我们没费很大力气就轻松完成了。那么又回到衡量目标的难度上，长远目标和短期目标相比，考虑到被拆分、时间久等因素，在落实的时候不太容易判断难度是否适中。与其这样权衡长远目标的难度，不如把注意力转移到小目标上。比如，大目标是语文考90分，拆解成小目标是每天背一首古诗、两天练一页字、一周练习写一篇作文等。在不影响其他目标的前提下，如果余力很多、干劲十足，不妨就添几个任务或加一些任务量。注意要在逐条评价、综合考量所有的小目标后，再去慎重修改长远目标。

我们遇到的绝大多数情况是目标部分实现。有句话说，行百里者半九十，虽然没有完全实现目标，但总归努力后有些成效。我们常常在任务快截止时慌张、焦虑，感觉本来能做到更多，但就是因为种种因素没有去做。实际上，不必快到截止期限时再去抱怨任务真多，首先，找一个人时常暗示、提醒自己要完成目标还有什么事情要做，有人做伴时任务就会变得有趣很多。其次，要勤于反思在哪些目标上取得了进展，只有衡量你的进步，才能知道你还需要走多远，需要做出哪些调整才能达到目标。最后，既然知道自己在哪里取得成功，可以思考成功的原因并迁移到苦苦挣扎的地方，从而保持平稳的心态去解决遇到的问题。简而言之，积极的心理暗示和别人的有效督促，是为目标拼搏路上的两大加油站。

如果遇到目标基本没有实现的情况，要检查自己的准备是否充足。其实不必灰心，计划泡汤也不一定总是坏事。制定了超过自己能力的目标，可以反映出自己的能力在哪些地方有所欠缺，从而帮助我们更好地反思自己。而且就算没有达到预定目标，没准就无意间达到另一个目标。比如说练习写作文，但考试时题目没有审清，辛苦积累了很久的素材都没有用上。虽然结果并不好，但孩子能从中认识到自己的审题能力也需要锻炼，并且积累的素材之后也能派上用场，就不必过度苛责。最重要的是保持自信，仔细分析问题，把失败的地方安排进后续计划中补足。

总之，长期目标需要我们从小目标入手，在有效监督的情况下，保持自信和积极暗示，坚持不懈地努力才能实现。善于从成功中总结实现目标的经验，从失败中学习目标的管理策略，才可以做到恰当合理、清晰全面的评价。

三、成长记录的跟踪工具

要点提示

善于利用成长记录的工具，可以帮助孩子更好地学习，还可以供将来追忆、纪念。

俗话说，好记性不如烂笔头。艾宾浩斯遗忘曲线告诉我们，每个人的记忆能力总归是有限的，随着时间的流逝，短期记忆终会淹没于记忆长河中。所以，有心的孩子会把有价值的东西记录下来，方便之后查阅、思考。

说到学习记录工具，无非有随堂笔记、作答记录和错题集录，它们在学习过程中分别扮演不同的角色，发挥着各自的作用。

学过一遍知识不等同于完全吸收，提高记忆力、理解力的最直接有效的方式是记录、复习笔记。试想在高度紧张的课堂环境中，同学们需要跟着老师的思路去学习新的知识、巩固已有的知识，若上完课再做笔记，很多在上课时的领悟就被遗漏了。不记笔记不行，追求过于精致的记录也不可取，因为注意力全部集中到笔记的形式上，反而容易打断持续思考的过程。所以，学会做笔记也是一门学问，兼顾形式和内容才称得上好的笔记。

✧ 重点记录重要的不懂的内容，方便课后回忆并搞懂。

✧ 把讲课的内容进行简略缩写，提炼重点、节省时间。

✧ 及时记录思考的过程，不错过任何灵感的出现。

✧ 课后把相似的知识点归纳在一起并形成思维导图，整理出专属于自己的笔记。

✧ 时常回过头复习笔记，修改错误的理解，强化正确的认识。

课堂笔记主要是针对课堂思考的整理，对于练习、考试的反思积累也不能落下。很多同学不愿意考后复盘，觉得浪费时间不如再做一套试题，而且考试本来就很痛苦，再分析一次试题更加痛苦。但正是因为考前、考中已经付出了大量的时间和精力，如果不做好及时的反思总结，会让之前的努力付诸东流。

案例分析

期中考试结束了，老师在下发试卷后进行了详细的试题讲解。课后，小明把老师重点讲解的题目整理到积累本上后，就不再深入分析自己的答题情况了。而小东在总结做错的题目之后，还继续去分析它们分别属于什么错误，而且还把整套试题中有价值的考题根据知识点再次进行梳理，最后反思了自己考试中的应试技巧。显而易见，小东的考后反思工作做得更加全面细致，不但分析了错题的解法是什么，还问自己为什么做错。这样日积月累，每场考试的得失会帮助小东尽量避免下次再犯同样的失误，相信他的成绩也会越来越好。

除了对考试的分析反思，上述案例还提到对错题的归纳积累。很多孩子也在认真整理错题，但下次遇到还是出错，要不然就是稍微变换形式就不会了，非常苦恼。实际上，盲目地抄写错题和答案只会让本子越来越厚，有效利用错题本才能最大程度地让错误转换为知识和财富。

✧ 每道错题旁边用不同颜色的笔写上错误原因，如答题技巧不足、知识掌握不够、题目理解错误等。

✧ 对自己来说较典型的错题，最好把错误的思路也写上，并注明因为什么而没有想到正确的解题思路。

✧ 建立错题索引，按知识点、题型等分门别类地整理，方便复习时快速定位到对应的同类错题。

✧ 讲过的错题不要攒到一起，尽量做到每天留出一个小时以上的时间及时积累。

✧ 不放过每道错题，马虎失误不能成为借口，抄写或者剪裁到错题本都可以，但对于重点题型最好抄写重做以加深印象。

不积跬步，无以至千里。把握好课堂笔记、试卷反思、错题整理，能让孩子在每次考试前都做到心里有底、心中有数，是从根本上解决考场焦虑、避免发挥失误的重要法宝。

最后，日记也是记录孩子成长历程的有效手段。孩子不仅可以在日记上记录见闻、心情，也可以制订每日计划、总结得失，做到反思自己、留心他人。此外，还可以设置纸质或电子的公共日记本，作为家长和孩子之间沟通的桥梁。如果双方有什么话不好当面讲，就可以利用公共日记委婉地表达出来。时间匆匆流逝，但日记可以帮助我们珍藏美好的回忆。当再次翻开日记的时候，美好的事物和情感会再次重现，促使我们越发感恩现在、珍惜当下。

落地与实操方法：目标注意转移

①方法介绍

家长为了提升孩子的身体素质而单纯地让孩子跑步，不如让孩子学习一项体育运动，寓练于乐。同理，家长为了让孩子学习而一味地催促，不如把学习包装成一件有趣的事，让孩子主动参与。这种方法就叫做目标注意转移，为了达到预定或者孩子不愿完成的目标，通过转移注意的方式就可以让孩子关注到有趣的事情而顺带完成目标。

例如，如果对于孩子而言，背书是痛苦的，就可以跟孩子说需要拍摄一个电影，而孩子作为主角，要记住一大段台词。家长创造一个真实的拍摄场景，在拍摄的过程中不断提醒孩子背诵，最后将视频发布出来。想必通过这种方式背书，孩子肯定喜欢。

②操作步骤

首先，家长必须了解哪些事情是孩子愿意做的，哪些事情是孩子主观上不太有意愿做的。

其次，家长要为孩子不太愿意做的事创造趣味感，将它包装成能够达到同样目的却又别开生面、轻松有趣的形式。

最后，和孩子一起实践，同时注意兑现承诺和培养孩子的兴趣，并将这件事坚持下去。

③举例说明

张涛的妈妈为张涛量身制订了一个学习积分计划，用来促进他的学习。

其中，单次作业的正确率及其奖励如表9所示。

所获得的积分还可以累计，每学期末进行结算，可按照积分与购买价值1:1的方式兑换实物奖励。除此之外，不同的累计积分可以获得不同的称号，张涛可根据所获得的称号向家长提出不同层次的“个人愿望清单”。张涛妈妈为张涛设置了如表10所示的学期累计积分和荣誉称号。

表9　单次作业正确率与段位积分对应表

单次作业正确率	段位	获得积分
0～50%	青铜	0
50%～70%	白银	1
70%～85%	黄金	2
85%～95%	钻石	4
95%～100%	皇冠	6

表10　学期荣誉称号与累计积分对应表

学期荣誉称号	累计积分
小书童	0～300
秀才	301～400
举人	401～550
进士	551～700
探花	701～900
榜眼	901～1100
状元	1101～1200
尚书	1201～1300
大学士	1301～1450
文曲星	1451及以上

在这种积分制度的激励下，张涛的学习积极性得到了提升，对学习也越来越有兴趣了。

第十四章 泛在的目标管理

一、目标的各类层级

要点提示

目标有很多层级，不同层级的目标是很不一样的。我们需要了解多层级的目标，认识它们之间的关系，只有这样，才能更好地进行目标管理。

目标可以分成不同的层级，详见表11。从时间尺度来看，目标可以分为短期目标和长期目标；从实现过程来看，目标可以分为直接目标和间接目标；从目标难度来看，目标可以分为简单目标和困难目标。

表11　三种维度的目标划分

时间尺度	实现过程	目标难度
短期目标	直接目标	简单目标
长期目标	间接目标	困难目标

只有制定符合孩子实际情况的目标，才能起到激励孩子朝着目标一步步不断更好发展的作用。

案例分析

小马和小贾是班级中成绩处于中游的两位学生。看着孩子一直不见进步的排名，小马妈妈想了个主意：如果小马下次考试可以进到班级中的前五名，就奖励小马一台新的自行车。小马平时酷爱骑车，得知这个消息，他恨不得马上在同学面前骑上他的新车来兜风。于是，小马废寝忘食、刻苦学习，在下一次考试中取得了显著的进步，但也只进到了班级第九名。小马妈妈看到儿子的进步也很高兴，但因为没有达到预定的目标，为了给儿子树立说话算数的形象，还是没有给小马买新车。这让小马十分沮丧，学习动力一落千丈，下次考试又回到了中游的位置。这让小马妈妈始料未及，买车也不是，不买也不是。

小贾的妈妈给孩子制定了适当的目标，只要每次考试进步两名以上，就会给小贾一些小奖励，比如一次自助餐或者一套心仪的玩具。经过若干次考试之后，小贾的成绩逐渐提高，并稳定在了上游水平，这让小贾和小贾妈妈都十分开心。

由此可见，合理的目标才会对孩子的进步起到作用，盲目设定不切实际的目标或许会得到与预期相反的结果。

同时，在制定目标时，多层级的目标应该协调配合。一个完整的目标体系应包含各类层级的目标，要有短期反馈和长期任务，要兼顾简单目标带来及时的正反馈以及困难目标的挑战刺激，也要包含直接目标和间接目标来调动孩子对目标完成的积极性。

具体来说，在实际应用中，我们要为孩子制定行之有效的、多层级的目标体系。我们要让孩子明确当前的困难与问题所处阶段，让孩子明白具体任务，以及解决问题的方法与途径。只有这样，孩子才能一步一个脚印，朝着预先制定的一层一层的目标取得进步。因此，为孩子做好目标管理，对培养孩子系统性解决问题的能力是十分有意义的。

二、目标管理的落实

要点提示

目标管理应当落实到实际生活中。具体而言，可借助特定的软件或者硬件设施。

在制定好系统多层级的目标后，如何让目标管理切实进行，也是一个值得思考的问题。即使目标再清晰明了，如果在落实过程中大打折扣，也无法起到激励孩子进步的作用。

这时，如果有能够帮助孩子规划目标的软件或者硬件设备，能够定性定量地监督孩子的目标完成进度，会大大帮助目标管理的具体落实。

实用工具

可以利用现成的备忘录工具或者一些任务清单的软件，比如滴答清单等。在实际生活中，用这样的软件可以记录孩子需要达成的目标，也可以把孩子的目标完成情况写在上面，这样能够让孩子对于自己应该干什么、下一步干什么，有更加清晰的认识。

三、培养方向的选择

要点提示

目标管理，最关键的一点就是确定目标。家长想把孩子培养成什么样的人，就要确定什么样的目标。在选择目标这件事上，我们不能贪多，要选择最合适的方向。

一位教育家说过，一只失去了方向的船在大海上行驶时，那无论从哪个方向吹来的风都是逆风。在我们生活中也是一样，如果孩子没有目标，失去了方向，那是很难走向成功的；如果家长没有明确孩子的培养方向和目标，会导致最终培养的失败。

家长在确定目标管理的制定思路和落实方法后，下一步就是确定具体实际的目标内容，确定孩子的培养方向并做好长期的规划。只有方法论，没有落地的方案，显然无法形成行之有效的目标管理体系。在选择目标内容之前，首先应选择对孩子的培养方向，然后再根据宏观的方向来确定具体的目标。例如，想把孩子培养成为音乐家，不妨从教孩子乐理、常带孩子去音乐会、给孩子报音乐兴趣班开始。

问题剖析

大部分家长都望子成龙、望女成凤，盼望孩子能够有所作为，成为优秀人才。但金无足赤，人无完人，更何况在信息化高速发展的今天，各类教育内容如雨后春笋般涌现，想让孩子成为一个“全才”无疑是一件难如登天的事情。因此，在确定培养方向上，选择与取舍就显得格外重要。

在缺乏明确家庭教育目标的情况下，很多父母只好根据周围的人的家庭教育方式来决定自己的家庭教育方式。比如，看到邻居家的孩子上了奥数班，他们就不管自己孩子有没有这方面的兴趣和禀赋，也把孩子送去奥数班；当他们看见亲戚朋友的孩子学钢琴，他们就不管自己孩子有没有这方面的兴趣和禀赋，让孩子去学钢琴……这与其说是父母在培养孩子，不如说是父母在为自己捞面子。因为他们觉得如果不送孩子去奥数班或学钢琴，别人就会说自己不负责任，从而觉得没面子。

但这样的行为很容易拔苗助长，给孩子带来过大的心理压力和精神负担，可能造成孩子心理不健康甚至导致心理变态与失常。许多家庭对子女的学习成绩都有名次上的要求，父母成天提心吊胆，子女更是胆战心惊，家庭生活也极为单调、乏味。家庭教育的过程至少18年，随着时间的流逝，养育孩子的困难越来越多，一些父母在孩子呱呱坠地时产生的“望子成龙”的激情开始消退，他们慢慢变得对孩子给自己带来的快乐视而不见。由于家长在家庭教育中充了随意性，既没有明确的培养目标，也没有坚定的原则，所以，在家庭教育中一旦遇上一点困难和挫折，他们就会向现实投降，变成“将就凑合”。

因此，在一开始就明确培养方向是极为重要的。有条件的父母可以让孩子广泛尝试，并从中选择孩子感兴趣的方向进行培养。爱因斯坦曾说：“兴趣是最好的老师。”选择感兴趣的方向加以发展，往往会产生事半功倍的效果。

四、让孩子做自己的目标管理

要点提示

家长要让孩子自己学会目标管理。做到这一点，需要分成几个步骤：首先让孩子形成习惯，然后让孩子参与目标管理，再试着让孩子自主进行目标管理。

目标管理源于企业管理。经典管理理论认为，目标管理是以目标为导向，以人为中心，以成果为标准，从而使组织和个人取得最佳业绩的现代管理方法，亦称“成果管理”，俗称责任制。

目标管理简单而言可以分为两步：第一步，依据实际情况，探寻适宜的目标，明确做什么，并对目标主次进行分类；第二步，根据目标，进行逐级拆分，明确具体的操作步骤，以期达成目标。家长也需要将这两步走的方法教给孩子。例如，孩子想提升语文成绩，第一步就要分析语文学科内容由阅读、书写、作文、基础知识等重要部分组成，第二步便可以着手制订明确的阅读、练字、学习优秀范文和背诵课本知识等计划。

在帮助孩子确定目标管理方向后，也需要刻意培养孩子做好自己的目标管理，这是一件很重要的事。父母很难为孩子指明一生的前进方向，学会自主制定目标、管理目标，孩子才可以更好地成长为一个优秀的人才。

首先，要让孩子对目标管理的方法论有信心和习惯。如果孩子在已经制定好的目标管理下感受到了积极的正反馈，感受到了来自一步步完成目标的成就感，那么这种情绪就会促进孩子沿着这样的方法论进行下去。

然后，逐渐让孩子参与目标管理之中，引导孩子思考如何给自己制定适当合理的目标，这样也更有助于调动孩子的积极性。用孩子更容易接受的语气去询问和沟通：这周数学题应该完成哪些呢？如果只完成这些会不会太少，会不会跟不上老师的进度？孩子只有自己也参与目标管理的思考过程，才能真正了解目标管理的益处。

最后，试着让孩子自主进行完整的目标管理吧。当然，孩子可能会过于放松自己或者给自己太大的压力，家长这时候就应该给予监督和约束，保证孩子以合理的目标管理状态继续学习和生活。

经验之谈

家长在帮助孩子做目标管理时，可从以下三点出发：

第一，带孩子开阔眼界。孩子的眼界需要不断开阔，只有开阔了眼界，他们才能认识到自身的差距和不足，才能树立起目标和理想，并不断向着目标和理想迈进。带孩子去做他喜欢的事，给孩子发挥自己长处的机会，有利于开阔孩子的眼界，引导孩子树立目标和理想。经常带孩子出去旅行、参观游览、接触成功人士是开阔孩子眼界的好方法。在这个过程中，孩子会对新鲜事物产生好奇，父母要留心观察孩子的兴趣、爱好，确定他感兴趣的东西，为孩子提供便利的条件去接触孩子所感兴趣的东西。当孩子的眼界开阔后，目标和理想便会慢慢地发芽，目标管理也就是水到渠成的事。

第二，拿生活中的小事练手。小事可以是规划中午的买菜计划、郊游的路线规划等，这是让孩子做目标管理之前的练兵。对生活中的小事有目标、有计划，就会让孩子慢慢学会树立长远的小目标。多让孩子做计划，有利于孩子确立目标和理想。在生活中，父母也可以鼓励自己的孩子写日记，让他把近期想做的事都写下来，如果孩子实现了就给孩子一定的奖励；或者让孩子做一个计划表，把他想要的东西都填在里面，如果得到了就让孩子做个标记。每个目标的实现都会带给孩子成就感，通过这些方法可以有效地帮助孩子确立目标和理想。

第三，鼓励孩子向有目标和理想的人学习。在集体中，通过和其他孩子的比较，能够让孩子看到自己的不足，有利于孩子积极向上，向优秀的孩子学习。孩子会思考如何超越别人，为自己树立目标和理想，但家长同时要注意调节孩子的心理状况，不能让孩子产生自卑心理。有的孩子因为自己的差距太大而走向消极的一面，不仅不能激发自己的潜能超越别人，反而放弃自己的目标和理想。所以父母要适当地鼓励自己的孩子多和优秀的孩子接触，向有目标和理想的孩子学习。除此之外，父母还可以让孩子向偶像、名人学习。

落地与实操方法：任务管理工具

① 方法介绍

不管对于个人还是团队，要想充实高效、清晰有序地完成工作，高效的任务管理工具都是不可或缺的。大家或多或少都会接触过一种被称作看板式的任务管理模式，也就是在白板上放一些便利贴，然后按照任务进程将其摆放到合适的位置。和做完打勾的那种任务清单相比，这种管理模式更加灵活便捷，可以同时用于每日任务和宏观计划。因为要经常检验任务进度，用户会不自觉地增强紧迫感，鞭策自己按时进入下一环节，在任务完成时也能有更大的成就感。

② 操作步骤

Trello是一款在世界范围内都很受欢迎的看板式任务管理工具。它有三个层级，从上到下依次是看板（board）、清单（list）、卡片（card）。看板，顾名思义，就是一块空白板，可以设置生活板、工作板，等等。看板中的清单和卡片分别对应任务进度和碎片任务。通常的使用方法如下：

首先，划分几个大的板块，如学习、锻炼、娱乐等。

然后，在板块中列举一些清单，如已完成（Done）、进行中（In Progress）、未完成（Unfinished）、暂搁置（On Hold）等。也可以设置问题清单和灵感清单，记录任务中遇到的问题和产生的想法。

最后，把碎片化的任务根据进度放到清单中，设置事件标签和截止提醒，并在进度改变时拖动到相应清单。关于Trello的功能示意图详见图12。

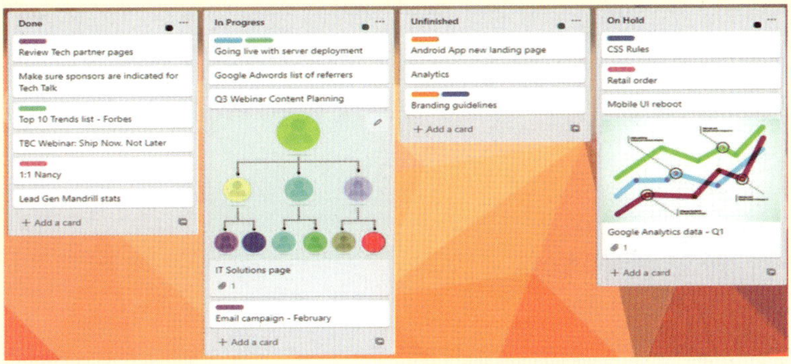

图12　Trello工具功能示意图

③ 举例说明

为了在繁忙的工作中提醒自己健身，我们可以用Trello梳理一周的健身任务。先新建一个健身板块，并添加“羽毛球”“私教课”“进行中”“已完成”“健身技巧”五个清单。在“羽毛球”清单中，可以设置“周一晚上8点和××在××打羽毛球”“周日上午9点和××在××打羽毛球”等具体任务。在每天等公交车的时候，就可以浏览一下健身板块，把近三天要做的任务拖到“进行中”清单。等做完运动，就可以把相应任务再拖到“已完成”清单，并在“健身技巧”中记录下总结和感悟，收获满满的成就感。

第十五章

学校目标管理案例

在本章，我们将展示两种不同风格学校的目标管理方案，供家长参考。第一个学校是衡水地区的某名校，第二个学校是北京某改革实验学校。为了更加详细地描述目标管理，我们将不局限于目标管理的叙述，还会剖析其背后的机理和分析其表现出来的行为。

作为家长，参考学校的管理有助于把握先进的管理理念，可以将理念的内核迁移到家庭教育中。两种学校的理念和方式迥异，家长需要深入思考，找到最适合自己孩子的方法去实践。

一、紧与管的学校管理

1.总述

衡水地区的某校以强度高、管理严而闻名。严师出高徒，该校每年取得的成绩斐然，学生在成体系的学习强化下，成绩也有了飞跃。我们主要对该校在学习管理方面的制度进行介绍，从学生、老师、家长三个角度阐述学校在学习和生活层面对他们的管理和要求。

2.学生角度

不同学习模式之间最显著的区别在于时间规划，因此需要先简略介绍一下学校的时间设置。除考试、活动外，学校每天的时间表大体如下：早操、早读、早预备（35分钟）、上午五节课、下午五节课、晚新闻（30分钟)、三节晚自习。除了下午第十节课和三节晚自习是45分钟外，每节课的时间都是40分钟。除了高三模拟考外，各个年级都会在每周日安排一次周测，每月安排一次月考。在上述时间中，留给学生自由支配的公共自习是早预备、上午第五节课、晚新闻、第三节晚自习，并将下午第五节课、晚上第一和第二节晚自习设置为某科的学科自习（有时下午第九节课等也会被设置为学科自习）。因此，学校里学生日常的学习时间主要可以分成正常上课、学科自习和公共自习三部分。

在学科自习中，相应学科的老师会布置作业，学生在规定的45分钟内作答，不允许做其他事情，下课时无论答完与否必须上交答题纸。原则上，学生不允许查阅资料，需按考试的形式完成作业，“以考代练”的思想主要体现于此。这样做的目的是培养学生的专注程度和考试意识，随时保持积极紧张的状态投入到各科的学习中。关于学科自习的作业量，老师一般会安排足额甚至超额，用来锻炼学生的做题速度和时间规划能力，即如何在规定的时间内快速答对简单题，以及能否判断出难题并合理安排时间去解答。但是，并非每次作业的任务量都会对绝大部分同学超额，老师也会交替地布置大作业量和稍小作业量的作业，从而防止学生过度焦虑、紧张。关于学科自习的作业批阅，老师一般不会设置分值（小测另当别论），也不会严格按照考试形式布置题目，在时间不充足的情况下会有选择地批阅几道大题，其余内容让学生自行核对答案。

在公共自习中，学生要做的事情大概有预习新课、完成作业、整理错题、复习功课等。第一，预习新课。对高一、高二，老师上课以推进课程进度为主，因此需要学生提前对下节课学习的内容进行预习，掌握基本概念和定理。老师会提早发布相关的预习资料让学生完成，并不时在课前进行检查。第二，完成作业。对于学科自习没有完成的部分，学生要在公共自习自行完成。在分发答案后，学生也要提前核对答案，方便在课上有重点地听讲。而且老师经常会布置额外的题目或资料供学生完成、阅读，有时会根据学生自由时间、学生能力等因素对不同水平的学生做不同的安排。第三，整理错题。学生需要及时整理作业、考试中的错题，老师会不定时收错题本进行检查。第四，复习功课。因为老师往往会留超额的任务，完成上面三个环节基本就不再有时间，所以平时一般没有复习功课的大块时间，主要靠学生自觉梳理近几天的学习内容。而且每天的学科自习是闭卷，也变相督促学生利用零散时间在当天就尽量掌握学习内容。学校的教学理念是“学到哪，考到哪”，老师只会在月考前略微减轻作业压力留出一两天的时间进行复习，因此学生需要平时就认真完成上面三个环节，以练习、整理来代替大块的复习，充分利用一切时间（如课间）对知识进行梳理掌握。

学校还有“频繁考试”的学习模式。除了每个月的月考外，学校会在每周日设置周测来检验学生在一周时间里的学习成果。周测与平时练习也有不同之处：首先，时间设置成标准的两小时，监考相对更加严格，考试后会评出分数并进行全校排名。其次，关于周测的考试内容，高一、高二和高三也会有差异，前者主要考察阶段性知识，后者会更符合高考题型设置。其实周测和月考从形式和内容方面都比较接近，只不过月考需要完全还原高考形式，考核内容也会更加综合。

只有制定目标才有充足的动力，学生会制定多种形式的目标来进行自我激励，同时老师也会按学习排名划分层次帮助学生找准定位，概括如下：

✧ 老师会根据某种标准（如高三时的择校分数线）以及排名划分梯队，让学生在每次月考过后都准确找到自己的位置。

✧ 学校会为排名靠前的学生设置虚拟班级和相关福利，对学生进行激励；也会为进步较大、排名靠后的同学设置奖项和公示栏。

✧ 学生为每次月考制定班级排名和年级排名目标，并在班级内部公示。

✧ 学生为每次月考选择班级内实力相当的同学为竞争对手，并在班级内部公示。

✧ 老师按照学生能力、学科特征划分不同的学习小组，以月考成绩为依据进行PK。

3. 老师角度

老师承担的任务主要有两点：教学任务和管理任务。所谓管理就是对学生学习过程的监督指导以及学习结果的反馈评价。关于学习过程的监督指导，主要聚焦于课堂状态和自习状态两个方面。

第一，课堂状态。由于每节课的时间只有短短40分钟，老师要保证自己的讲课速度适应教学计划，因此往往在课前会对学生的预习、作业内容的完成程度进行检查，完成很不到位的学生需要站在教室后面听讲。在讲课过程中，老师往往不会经常点人发言，而是要求大家集体回答，及时发现有没有同学走神或跟不上节奏，以便适当对速度进行调整。由于内容过多，老师讲课的拖堂现象是非常普遍的。

第二，自习状态。首先来说学科自习。由于每个学生拿到的学习资料都是无差别的，而且对于尖子生而言作业题量往往都是足额的，因此过半同学肯定无法全部完成。这个时候老师就要及时关注大家的做题进度，适当给出某些难题的解题思路，确保学生尽量做到高效完成作业。老师有时也会调整作业的做题顺序，如要求学生先完成非常有价值的几道题，课下完成做不完的简单题。其次来讲公共自习。上面提到公共自习是学生自主安排时间的自习，但各科老师或课代表往往也会在公共自习前，提醒大家最近的作业或任务（如改错、预习）的截止时间，培养学生按轻重缓急来安排时间的意识。

关于学习结果的反馈评价，主要通过沟通和奖罚的形式来体现。在沟通上，班主任会统管所有学科，各科任课老师只负责对应学科。在月考后班主任基本会与每个学生进行沟通，根据各科老师的反馈，分析最近一个月的学习状态，与之前月考的考试排名对比，并帮助学生制定下一次的目标等。班级内有学习小组和学习梯队，班主任也会据此分批次组织谈话，提高大家的组内学习热情。各科任课老师也会对重点关注的同学——如尖子生、排名靠后的学生、成绩波动较大的学生等的考试试卷的答题情况进行详细分析，来帮助学生找到薄弱环节。

总之，老师会对学生分层但不歧视，细化分层的目的不是为学生打标签，而是帮助学生找准定位，进行针对性辅导。在奖罚上，关于学习结果的奖励主要是物质，惩罚主要是批评教育。奖励的对象有考试成绩好的同学，也会有进步较大、连续进步的同学或某科突出的同学，尽量做到避免有人一直无法得奖的情况，以调动学生的积极性。

以上情况只适合月考，因为老师普遍认为月考考试形式和内容比较正规，可以较充分地反映学生的学习情况，所以对月考的结果非常重视。但周测的结果，也会作为反馈依据供老师参考，以及时关注学生的学习状态。除了考试，平时老师鼓励大家多问问题，如果有同学长时间没有主动与任课老师交流问题，任课老师会及时反馈给班主任或主动去找学生。老师对于错题本的积累也会非常重视，基本隔几天就要求大家上交一次，查看改错情况。

老师还非常注重在同学之间营造良好的学习氛围，措施如下：

✧ 给学生之间的交流留出专门的时间，通常每天40分钟，鼓励同水平学生之间沟通学习上遇到的问题。

✧ 鼓励不同层次的学生之间形成学习互助小组，在课余时间交流、讲解问题。这样既能让学习稍差的同学补充知识，又可以让学习领先的同学加深印象。

✧ 督促学生制订每日计划，记录每日学习反思（学到什么，未完成什么），完成周记（小阶段的感想），写值勤班记（在观察班级和同学后的感想）。让学生做到反思自己、留心他人，共同营造积极的学习氛围。

4.家长角度

学校平日里对家长的要求大体包括：

✧ 及时掌握孩子的学习情况。班主任将每次的小测、周测和月考的成绩、排名公布到群里，必要时会请家长到学校与老师、学生进行三方会谈。

✧ 家长同老师一起承担周测的监考任务，亲自观察学生的学习状态，尽量认识班里的每位同学，并要求撰写观察报告上交班主任，班主任在班会上挑部分内容阅读。

✧ 学生家长在孩子高三学习期间坚持每天写一条激励语言，在早读前发送给班主任，由班主任交给学生。

✧ 在月考过后根据成绩，由家长委员会不定期组织家长来进班激励学生（主要以食物和奖品的形式）。

✧ 在期末考试后的家长会上，家长同孩子一起参加班会并上台领奖，家长发言。

✧ 家长在假期负责监督学生的学习情况，并及时向任课老师汇报。

二、松与放的学校管理

1.总述

北京某改革实验学校以宽松管制、自由自主的学习理念而闻名，这里培养出来的学生综合素质很强，许多毕业生都保送到了国内外名牌大学。学校为学生们提供了丰富多彩的课程，学校采取走班制度，而任课老师则在某个教室里不动。学校还崇尚民主，学生的自主性和积极性得到了极大的发挥。我们将从学校的规章制度和校园活动方面去感受学校管理的魅力。

2.部分行动纲要和制度

✧ 学校着力于培养志远意诚、思方行圆，即志存高远、诚信笃志、言行规范、思想活跃的社会栋梁和民族脊梁。

✧ 良好的师生关系应该亲情如父子母女，友情如同伴朋友，严而有格，爱而不纵。

✧ 坚持主体教育，学生能做的，教师不要包办。

✧ 成功是成功之母。给学生创造更多成功的机会，打造学生的亮点，用成功酿造成功与自信。

✧ 坚持多元评价。多几把评价的尺子，就多出一批好学生；形成全面、系统、多元的评价体系。

✧ 重视校园欺凌现象的解决，设立“同伴关系日”，营造良好的同伴关系。

✧ 坚持“哪个层级获得的信息最充分，就在哪个层级做出决策，或者哪个层级的人员参与决策”的决策原则。

✧ 沟通与协作。“你是天下第一也要由天下第二来帮你。”

✧ 专注地倾听既是沟通最有力的武器，也是解决问题的有效方法，许多时候，倾听完了问题也许就解决了。

✧ 多元思维，寻找中间地带，“你对我也对”，避免两极思维；事情的成功不一定按一种思路完成，有时候按我们的想法办，事情会成功；按别人的思路办，也照样成功。

✧ 运用非正式表扬，创造各种机会，运用多种方式，发现并展示每个人的闪光点。

✧ 学校资源建设应该把钱更多地花在离学生最近的地方、教育教学最需要的地方。

✧ 致力于家长与学校思想的统一，成立各层次教师家长委员会，充分利用家长的智慧，让教师、学生、家长的脉搏一起跳动。

3. 人人有风采，个个是明星

在学校里，学生处处都能够感觉到自己就是这个学校真正的主人。无论大事小事，必须倾听学生的意见，所以，校务委员会有学生的代表。校长还定期与学生共进午餐，专门了解学生所思所想。“校园机会榜”则公开向学生提供各种工作机会，让学生自主选择。如果工作复杂程度较高，或遇有较多的学生选择同一项工作，则采取公开竞争的方式决定承办者。

在学校里，不以分数论英雄。他们开展的“每月百星”评选活动，让每一个学生都有成为“校园明星”的可能，让更多的学生都能感觉到自己的重要性。“百星”的命名五花八门，有“领袖之星”“飞毛腿之星”“换位思考之星”“快乐天使之星”“操心管家之星”……每个班主任都非常重视“每月一星”的产生过程，和班委们留心观察班级每个成员的表现，哪怕一个细小的闪光点，都可以成为当选的理由。成为“每月百星”的学生，会在学校最醒目的宣传栏里，看到自己的宣传海报。这个活动，让每年有1200多个学生可以看到自己的优秀。

学校还创造了“校园吉尼斯大擂台”，每两周进行一次。校长认为，每个学生都有属于自己的特长、爱好，哪怕仅仅是字典查得比较快，绕口令说得比较好，为什么不提供给他们一个展示的平台呢？闪光一次，也许就成了这个孩子上进的起点，校园吉尼斯大擂台和特殊技能测试站，就是这样一个让任何人都可以闪光的舞台。

4. 书院制学习

学校以课程高度个性化的形式设置了书院制学习模式。

书院的课程是订单式设计，根据学生专业发展需要，为学生量身设计课程、选择老师，学生也可参与到课程设计当中。

教学方式是多元化的。通过讲述、茶座、聊天、网络、合作学习、辩论、实验、游历等方式完成课程，彻底改变目前教学方式单一的弊病，使课堂成为最吸引学生的场所之一。

教学管理是多元化的。根据不同专业类型的学生，灵活确定教学时间和教学场所，不拘泥于现行教学时间表和场所，最大限度满足学生专业发展的需要，同时保证基础学科的学习。

教学评价是多元化的。改变一张试卷评价学生学习成果的传统做法，实行学分制和实际操作考核相结合。

书院的专业课程丰富多彩，如民间工艺（包括景泰蓝、瓷器、剪纸、雕刻、古典乐器制作以及刺绣等），民间曲艺（民乐、相声、戏曲、魔术、杂技、小品、评书及其他说唱艺术等），传统艺术（书法、国画、茶道、插花等），传统医学（推拿、针灸、中医等），传统体育（武术、围棋、象棋等），传统收藏（珠宝及古玩鉴定等），现代体育（赛车、台球、桥牌、电子竞技等），现代艺术（动漫、摄影、平面设计、园艺等），演艺（模特、娱乐节目主持人、电影摄影等），另外还有计算机反入侵技术、经纪人等特殊专业。

书院为每位学生配备一位导师，形成一对一模式，指导学生形成健全人格、良好的沟通能力以及规范文明的礼仪，帮助学生制订个人发展计划。

附录　北大学子说

爱学习，爱思考，更爱生活

陈润恺（物理竞赛和信息学竞赛省一等奖）

我是北京大学物理学院的陈润恺。我在高中曾获得物理竞赛和信息学竞赛山东省一等奖，以一名之差与物理省队失之交臂，最终凭借高考695分的分数进入北京大学物理学院。在这里，我很荣幸能和大家分享一下自己在学习中的一些经验和看法。我要讲的是兴趣、学思结合、学会生活这三件事。其中，兴趣是主动学习的动力，学思结合是目标管理的策略，学会生活是积极情绪的来源。

兴趣是最好的老师。人在做自己感兴趣的事的时候，会有无穷的精力和灵感，达到事半功倍的效果。我在高中阶段的学习中，在高中知识的范围以外，还学习了两科竞赛，并最终拿到对应的奖项。在大学阶段，在物理学专业的学习之外，我还修了计算机科学双学位。经常有人问我会觉得累么？其实我自认为不算一个很刻苦的人。之所以选择这样做并能坚持下来，是因为这些都是我所感兴趣的。投入时间在这些上面的时候，我会感到快乐，会神清气爽，而不会觉得是一种消耗。在学习中，学会顺应兴趣、培养兴趣才能做到快乐、高效地学习。

学而不思则罔，思而不学则殆。一直埋头苦学，而不去思考，往往会效率很低；一直想法很多，却很难将想法落到实处，从不去践行，就会一无所获。在学习中做到思考与行动的统一，才能提高学习效率。我们要在学习中多去思考，养成遇事先思考、先想再做、边做边想的习惯，让思考为我们的学习提高效率、指引方向。在安排自己的学习计划时，要多思考，想一想什么时间干什么事情效率会更高，想一想什么事情是对于现在的自己而言最迫切需要的。在做题时要多思考，不要虚浮于表面，要多去想深层的原因和规律。很多时候，我们接触到的知识是零散的，看似毫无规律，非常难以记忆，但其实背后有着自身的规律和逻辑。当你把这些知识，当成无意义的文字去死记硬背时，记忆每一条都是非常困难的。但一旦你理解了它背后的逻辑，甚至不用你去刻意记忆，它自然就会留在你脑海里，当进一步找出了它背后的逻辑有何规律，不仅这条知识，很多类似的知识就都记住了。在小学和中学阶段，学习的大部分知识都是完全符合我们日常生活中的直观认知的，对于这些知识，只要能做到把它们按照自己的逻辑顺下来，就很容易记住。当出现与自己直觉不符的，更要停下来思考一下，它们冲突的原因在什么地方，为什么会这样。据此调整自己对这个世界的认知，这才是最有效的学习方式，也是我们学习知识最终的目的。

要掌握好生活的节奏。人脑中有负责节律的部分，人只有处于适合自己的生活节奏中时，才能保持良好的心态，才能精力充沛，才能提高自身学习的效率。我一直主张学习成绩是人的各方面状态、能力的综合表现。一般来说，学习成绩不可能超脱于这个人。很多时候，有人会困惑，为什么投入了大量的时间在学习上，却总是效果不好。很可能的原因是，你投入时间精力的方式，并没有使你整个人的状态改善。比如，牺牲了体育运动的时间去学习，看似学习的时间增加了，但体质下降会导致精神状态、思维敏捷程度下降，进而影响学习。牺牲睡眠则会使整个人在接下来的一天或几天中晕晕乎乎、浑浑噩噩，只能做一些机械重复的工作，而很难调动精力去进行深入的思考。掌握好生活节奏，当你整个人处于良好的状态时，学习成绩自然会提高。

在生活中，要宽以待人。宽以待人并不是让我们唯唯诺诺，做沉默的大多数。我们要对事情有清晰的判断，并且尽可能为事情的改善做出自己应有的努力，但是不要仇恨、对立、攻击、报复，不要有过多无用的纠结。我们在与他人相处的过程中要有开放包容的心态。当别人冒犯到自己时，保持风度；当他人犯错时，不紧盯不放；当他人想法与自己不一致时，尽可能尝试去理解。那么为什么要宽以待人呢？宽以待人的心态对于提高学习效率有什么作用呢？首先，宽以待人的心态可以减少我们和他人的摩擦冲突，为提高学习效率提供有利的外部条件，降低时间和精力上的潜在损失。其次，宽以待人就是宽以待己。很多时候与他人较劲的过程，也是与自己较劲的过程。选择原谅他人，不只是与他人的和解，也是与自身的和解。宽以待人能让我们保持更良好的情绪、心态，达到更好的学习和生活状态，来保证自身的学习效率。

看到自己的改变，做学习的主人

陈悦迪（北大图灵班）

我上初一那会儿，也是让老师头疼的存在。那时候凭着小学的基础，各科成绩都还过得去，遂天天调皮，作业考试随手应付。后来不知怎的，玩心渐退，慢慢明白了学习是为了自己，这才有了主动学习的动力。

上大学后，有一次回初中母校看望老师，班主任说看着我初一到初三，从不着边际到踏实稳重，仿佛换了一个人。问父母，他们也有同感。回想起来，初中时青春期带来的不仅是一月一厘米的长高，更是自我意识的萌生和发展。曾经学习的动力可能是“我要把作业赶快做完然后看电视”，或是“我要考满分让老师和爸妈表扬我”，而当少年开始思考“我是谁，我今后要走向何方”，才能慢慢领悟到努力学习是为了未来自身更好的发展。我想，学习的主观能动性建立在自我意识觉醒的基础之上，家长和老师如果能在这一阶段加以引导，让孩子明白学习是成为更好的自己的必经之路，定能事半功倍。

培养学习的主观能动性，可以试着从制订每日学习计划开始。我也曾耳闻目睹不少初中生，在书桌前咬着笔杆发一下午呆，一个字也没写。我想，这种情况的直接原因是孩子的学习遇到了困难，而深层原因则是自主学习能力的缺乏。到初中阶段，不能再像小时候一样老师教一点学一点、父母安排什么学什么，即便学习遇到了困难，也要尝试主动去解决，而非逃避。应当让孩子明白，最了解你学习状况的人一定要是你自己，其次才是家长和老师。所以，坐在书桌前，先要好好想想哪些知识点还没学会，哪些知识点最需要巩固提高，从自己会的地方入手，提高学习效率。

当然，孩子的自主学习能力也需要家长的引导，尤其是学习方法上的引导。小学阶段，家长手把手教功课也许还可行；到了初中阶段，课程难度增加、学业压力增大，再加上青春期的逆反心理，由家长辅导具体课业内容似乎不再是一个好的选择。我上初中时，父母几乎不再辅导功课了，但他们每天晚饭后都会问一问我的学习情况，问得最多的一句话就是“学会了吗”，“作业做没做完”“考试多少分”尚在其次。最令我印象深刻的是，有一次我妈看到我在做古文抄写作业，就说，你早就会背了还浪费时间抄写干嘛？我说老师布置的难道不做吗？于是就被我妈一顿教育，叫我赶紧学点有意义的内容，当时可把我委屈坏了。现在想来，当时还不太懂得作业只是巩固知识的一种形式，主动学习就是要在充分了解自身知识掌握情况的基础上，自主选择合适的知识点进行查漏补缺。如果学有余力，舍去一些过于简单的任务，留出时间自主探索当然是可以的。明白这一点之后，我更加感激父母初中时的引导，他们教会了我在课堂之外充分发挥主观能动性进行自主探索，而非机械地重复学习已经掌握的内容。他们虽然不再过问我具体的学习内容，但始终非常关注我的学习态度，了解我的学习安排，并提出建议。

当下，得益于智慧教育的发展，我们的教育信息化系统能够为孩子量身定制合适的作业题，我曾遇到的作业不适合学习情况的问题应当已经得到较大的改善。不过，我还是希望每位学子都能尽早明白，作业是老师精心挑选用于检验、巩固、提高学习成果的学习资源，如何利用好这份资源让自己更上一层楼，是非常非常重要的能力，能让你获益终身。有的作业可以参照答案作为样例研究，用于巩固自身的知识体系；有的作业适合自主思考、独立完成，有助于理清思路、培养解题能力。合理安排作业，正是合理安排学习进展、提升自主学习能力的重要环节。

自主学习的内核是孩子的自觉自律与上进心，而外在是良好的学习习惯、合理的学习安排与积极的探究精神。愿广大学子常怀学以修身、学以立志之心，做自己学习道路上的主人。

好情绪，会热爱，能稳住

罗皓（北大信息科学技术学院）

关于学习，我想聊聊三件事，都与心态和心境有关，一言以蔽之，就是要为自己找到积极情绪并从中发掘动力来源。

首先是如何调节情绪，维持积极状态。众所周知，北大强者如林，人外有人，有许多过去一直排第一的同学进北大后也只能排名中等，从而怀疑自己的能力，更有甚者产生心理问题，整天否定自己，最后不得不退学。除了排名这个因素，北大学业与心理压力也很大，花费整个下午来实现一个函数、熬夜写课程论文、疯狂赶作业ddl（截止日期）都是很常见的事。大部分的较劲其实都是在和自己较劲，很容易积攒压力，掉头发不说，任务往往也没有做好。我分享自己的小技巧：一、合理安排任务。把大任务拆解成一个个小任务，就能较轻松地完成。每完成一个小任务，就可以稍微休息休息，避免陷入疲惫与未完成的死循环。拆解任务的过程也是提纲挈领地掌握任务。二、积极参加锻炼，保持良好的饮食习惯。身体对心理的影响长期被忽略，但脑科学的新研究发现，锻炼能帮助身体释放内啡肽，增强人的信心与自尊。另外，合理的饮食结构有助于保持精力与动力。三、及时释放不良情绪。不良情绪是很正常的，宜疏不宜堵。当我们感觉到自己有些忧虑时，可以及时向朋友诉说，这样不仅能排解忧愁，还能增进友情。

其次是如何认识心中热爱。在大学之前，同学们可能更多是被家长要求好好学习、上补习班、兴趣班等，对自己究竟喜欢什么专业、有什么爱好没有深入的思考与计划。我自己选专业的故事就是一个反例。我高中时的志向一直是读药学，然而并没有深入了解药学专业与行业，也没有利用课余时间学习药学知识。高考的分数恰好能上北大的化学，于是抱着先打好基础的想法选了化学专业，但课程设置和自己设想的完全不一样，要求全方位掌握化学知识。认清现状和自己的能力后，我选择降级到信科来读AI，算是重新来过。我还算幸运，能转专业，殊不知有许多不满意专业的同学不得不在纠结中度过大学的四年。所以我很建议同学们尽早了解大学专业，尤其是课程设置，以便认识心中所爱的学科。课外活动更是如此，建议大家多参与社团活动，了解不同社团的特色，一定能找到适合自己兴趣发展的一个。活动不分高低，但至少要很投入地参加一个，才能体会到乐趣。当选择太多，也不需迷茫，可以慢慢尝试，但一定要认真对待自己喜欢的事情，才会有所收获，而不是碌碌无为。

最后是要沉得住气。分两方面来说：一是克制浮躁，二是保持忙碌。浮躁的主要表现是急功近利，过度追求效率，不愿意深耕一个领域，要求尽快上手。举例而言，网络小说和短视频就很浮躁——它们可以做到日更，也有许多人喜欢看，但很难有经典作品值得反复回味。相对地，严肃文学和电影的忠实拥趸更多，更值得多刷。当然，怎么娱乐是个人的自由，并没有高低之分，但浮躁地学习、工作却会对长期发展带来极大的负面影响。看到同学买了一本教辅，于是自己就买同样的书；看到别人在研究一个方向，于是自己就跟着往这个方向努力；看到别人考证，于是自己也去考这个证——即使对自己的发展没有帮助；等等。这样做事看上去很潮流，实际上是将心智的判断工作替换成了不加思考的模仿。另一种需要警惕的思想是“躺平”。不可否认，在如今这个“内卷”的时代，努力的回报似乎不像之前那么丰厚，但无论在什么时候，都不能指望天上掉馅饼，需知“幸福是奋斗出来的”。而且躺平看似轻松，但心中如果还有奋发成功的渴望，就不可能真正躺平，只能处于拧巴的状态，用躺平来掩盖“懒”的本质。保持忙碌也不是说瞎忙，而是忙着学习忙着玩，每天都有事做，这样不仅能提升自己的能力，还能保持心情的愉悦。学习要认真学，玩游戏是否也能想着提高游戏水平呢？其实这两方面总结起来就一句话：要专注于眼前的事。人不能同时追逐两只兔子，好猎手总是一只接着一只地捕猎。

兼顾时间与效率

徐浩哲（北大物理竞赛省队保送生）

我是来自北京大学信息科学技术学院的一位同学。对于学习方面，我有很多想说的话，主要是想要分享一些我对于学习方法的见解，这也是主动学习的一种体现。

首先，我认为，学习成绩的好坏不在于你花了多少时间，而在于学习有没有效果。我常常听到有人说自己“每天学习16小时”“从来不打游戏”，实际上学习成绩并不优秀，这样的人还过着很枯燥无味的生活，这是对于心智的摧残。相反，我从小打游戏，中考前两天也照常打，我自认为我在学习上花的时间比不过那些头悬梁锥刺股的人，但我认为我的学习效果还是比较不错的。

学习的第一要义，就是要保证学习的效率。比如，小的时候老师总跟我们说，融会贯通，举一反三。对于很多题目（尤其是理科的题目），它们的套路都是差不多的，只要做了一开始的一两道题，那么此后同种类型的题目基本上都会了，就可以开始学别的知识点了。一味地刷同种类型的题，尤其是做一些不用脑子只用体力的题目，完全是浪费时间。又比如，订正和整理错题是比较有效率的，因为复习的时候需要知道自己曾经错过的地方、踩过的坑，这样才能避免重蹈覆辙。但是，对于手工抄写题目的行为，我觉得就是不必要的体力活，对于学习没有任何帮助，尤其是抄写那些极为冗长的题干，是某些老师对于形式主义的夸张、畸形的追求，没有任何意义，纯粹是浪费时间。用于学习的时间是有限的，应该把时间用在有意义的事情上面。

其次，学习需要有自己对于知识的透彻理解。所谓透彻理解，就是要在脑海中建立起自己的一张知识网络，能够让自己架构起自己学到的东西。最有效果的学习，往往不是死记硬背，而是真正懂得自己学到的内容，对于理科而言更是如此。对于理科来说，知识点都是相互关联的。比如，数学的各个分支有派生的规律，也有结合、联系，物理的各个板块分别有自己的物理图景等。不管你用什么方式，只有把知识建立起脉络，在脑海中把它们理清楚，才能称得上对知识有了透彻理解。

再次，学习应当劳逸结合。不管是打游戏还是运动，抑或是别的兴趣爱好，人总要有一些盼头。你不能指望一个学生把学习作为人生的乐趣来源（起码有99%的人都不是这样），不爱学习是很正常的，尤其是做作业的时候，因为有的作业根本就是无意义的体力活。所以有些想着“为啥我的孩子这么不爱学习”的家长，应该反思的是另一个问题：为啥我的孩子只干自己想干的事，不愿意干自己不想干的事。人一直干自己喜欢干的事是不现实的，但人也不能一直干自己很讨厌的事。所以，要适当地奖赏自己，让学习生活有一点盼头，比如放学了去打球，或者花一点时间打游戏。当然这个时间要是固定的，不能无休止地延长。

还有很重要的一点是，一定要确保要有一个或者多个能和自己愉快地讨论学习问题的好朋友。将你的所学说给别人听，你才能发现自己是不是真的学懂了，或者自己还有哪里没学明白。并且，有不懂的地方，问好朋友总是比问老师要容易的，这样能够避免出现憋了一堆问题没有解决，导致窟窿越来越大、跟不上进度的情况，你学习的时候也可以更加舒畅。

总的来说，我认为最重要的还是时间管理，也就是用有限的时间做有效率、有意义的事情，剩下的时间用来休息或者奖励自己。在学习上，一味地鼓吹自己花费了多少时间是不合理的，学习不是弹钢琴之类必须要付出很多时间成本才能提高的技能。应当鼓励的是高效地学习，只有这样才能成为一个真正“会学习的人”。

学习的小窍门

孙天翊（北大信息科学技术学院）

首先介绍我平时学习的一些方法。平时的学习包括预习、课上、课后三个部分。在课前，除了对学习内容进行最基本的了解外，可以结合学习内容提出问题，以便在课上解决问题。在课上，记笔记时应注重划分区域、颜色、标注重点和条理，以方便之后复习。如果条件允许的情况下，可以在学习的同时尝试把这些知识点背诵下来，这样就可以节约后续复习时背诵的时间，也会对知识掌握得更加牢固。课后作业尽量在规定时间完成，如果遇到长时间做不出的可以先跳过，实在不会的可以使用电子工具查找答案，或者问同学和老师，但是要做好标记，以方便之后巩固。凡是做过的题要落到实处，分析错因，总结解题规律，必要时在理解的基础上记忆背诵。日常就要做好复习工作，可以用笔记本记下平时有疑难的部分，空闲的时候就可以按照上面的内容进行复习。在学习的过程中要多思考、多提问题，愿意找老师或者同学去讨论问题，能提出问题就是成功的一半。

合理、高效地利用时间可以在同样的时间里学习更多的知识，一方面是要增强自制力，避免学习的时间被其他事中断，除了主观上的自制力外，还可以借助外界的帮助，比如隔绝干扰源，请求同学、家长的监督，用一些手机App来管理时间，寻找合适的自习地点等。另一方面，可以通过制订计划来更高效地利用时间，这里的计划包括长计划和短计划，比如希望提高某一门科目的成绩属于长计划，而完成手头的作业则属于短计划，我们可以通过不断地设定短计划来完成长计划。我们希望按计划来，但实际上总有很多预料之外的情况。一方面，在心态上要允许计划不被完美地执行，当计划被破坏时不至于产生负面情绪；另一方面，对于额外的难以完成的目标，要先制订易于完成的计划，逐步提高要求。在学习任务繁重时或者考试前，有必要适当延长学习的时间，可以通过压缩娱乐时间，利用碎片时间，如吃饭、睡前、车上的时间，还要提高效率，达到事半功倍的效果。此外，充足的休息对学习也很有益处，磨刀不误砍柴工，保持良好的身体、心理健康状态是高效学习的基石，可以合理地利用兴趣爱好来进行状态调整。

在考试技巧上，一方面要提前预留足够的时间来复习，分配好每一科的时间，抓薄弱学科，有复习的大局观。对于语文，应该在理解的基础上记忆背诵，平时就要注重积累和归纳总结；数学主要依靠平时积累、错题整理、归纳总结并需要记忆背诵，考试时注意审题，把握好能够得到的分数；英语平时多背词汇，多做题找感觉；理科要注重背诵，掌握好框架和细节。在考前要放平心态，不能太过紧张，同时对自己进行积极的心理暗示以增强自信。

课外拓展是在课内学业有余力的情况下才进行的，任何拓展最重要的都是要适合自己。课外拓展通常包括两种：一种是文化素养的日常积累，比如可以在闲暇时读一些书，为写作文做积累，英语可以多背一些单词；另一种则是在课内的基础上略微加大难度，以提升自己的能力作为目标，但不能盲目加大难度。

在心态上，一方面不能因和其他同学对比而破坏心态。有些同学可能会因为和其他人的比较而感到不自信，其实很多人成绩更好确实是因为提前学了更多，既然学的比别人少，就要接受自己比别人弱的事实，而不是自暴自弃失去自信。如果意识到和别人差距不大，只要努力就可以缩小差距，可以建立自信，并通过脚踏实地的努力达到自己的目标。在借鉴其他同学的学习方法时，不能盲目地复制到自己身上，而要找到真正适合自己的方法，取其精华，弃其糟粕。另一方面，要有主动学习的意识，不能只依赖他人的监督。

学习的六件小事

王延泽（北航直博到北大计算机应用技术专业）

作为过来人，我想对学弟学妹们说六件关于学习的小事。

明确学习的目的。人的成长和前进的道路是个不断学习的过程，要为自己的进步去学习，因为不学习就不能使我们的教育具有后续动力，不学习就跟不上时代的发展要求，不学习就会使人的头脑僵化。终身学习是当今的时代要义，要牢记不学习就会被时代抛弃。

学会学习。首先，要做到提前预习功课。在每一次听课的前一天对第二天要讲的课程做一个预习，预习的目的不在于一定要看懂它，而是对我们即将要学习的知识有一个了解，至少要知道讲的大概是什么，这样有助于我们在听课的时候能够跟上老师的进度，能够理解老师要表达的意思。其次，我们不可能将所有知识都用脑袋记下来，对于那些重难点又不容易记住的内容，记好笔记，真的比单纯地口诵目记效果要好得多的。最后，及时复习。人的大脑记忆是有时间规律的，每天要记忆很多的事情，也会慢慢忘记很多的事情，学习过的知识一定要复习才能牢记。

尽快确定自己的目标。在现代的社会中，一个有目标的人，毫无疑问会比一个没有目标的人更有作为。可能所设定的目标不能完全实现，但成功的概率要大大高于那些没有目标的人。所以，确定自己的目标很重要，可以说目标决定了人生的走向。当今社会信息化高速发展，如果没有明确的目标驱动，时间就可能会在不经意间悄悄流逝。看看周围的人努力的样子，他们都在为了自己心中的目标努力拼搏，而自己却将美好的青春年华空耗，这怎能不让人惭愧？确定自己的方向，尽快出发吧。

珍惜每一段感情。随着年龄的增长，人事更迭，但每一段旅程，都会有同学、朋友、家人相伴身边，他们不求回报，随时都会倾听、会鼓励、会督促你奋勇向前，但不要把一切都当作理所当然，要珍惜与感恩彼此的情谊。作为一个过来人的忠告，千万不要等错失后再去后悔，但或许只有真正经历过才能体会到那种感觉，青春中的孩子或许也是在试错中不断长大，但如果可以，希望类似试错的次数越少越好。

及时调整好自己的情绪。因各种事情烦躁不安是常事，或许是为苦苦相思而不可得的那个人，或许是为差一点就让人心满意足的成绩，或许是为学习与娱乐的平衡、老师的苛责、小伙伴间的摩擦，抑或是“水逆”日子里的种种委屈……但是，不要为无法解决的眼前事而过于焦虑。我们正在长大，我们的生活也并非一潭死水，而是多姿多彩的，或许因为这样，麻烦事才接踵而来。当辗转反侧难以入眠，可以找一个知心知己的朋友倾诉，或是听一首喜欢的歌，看一部电影，想想自己还没做出来的题，静静等待困意袭来。不要去想失眠后的明天会多么糟糕，我们远比想象的强大，将负面情绪在今晚肆意发泄，明天一定是美好的。缺的觉可以明天再补，没有写完的作业可以择时再写，以热情和充沛的精力更高效地去迎接接下来的挑战吧，这远比带着负面情绪逼迫自己去做事更有效率，一切都没那么晚，我们也不必那么着急。

在课余生活中充实自己。你是否也曾边躺在床上刷手机，边抱怨自己的精神生活如此匮乏？刷手机确实让人舒适，大数据让推送的视频总能戳中自己点开的欲望，于是时间就不知不觉过去了……我坚信适度的放松总是好事，但如果已经刷了很长时间，那么不妨放下手机，眺望窗外，那里风景正好。周围的环境绝对不应该成为日复一日躺平的借口，发挥一些主观能动性，无论是班级、社团、学生会，跳出自己的交际舒适圈，会发现处处都是志同道合的朋友。在这方面，我最遗憾的事就是因为恐惧社交等种种原因，没加入自己心仪的一些社团。如果你也和我一样，有些心动于课余活动而又不好意思开口，那不妨大胆去参加吧！我们的青春生活，不应该止于教室之中，全面发展可以更好地充实自己。或许在适度的课余活动之后，你会发现学习的效率更高了。

后　记

“主动学习，从今天开始”是人人都想做到却又难以落实的事。但我们通过主动学习、积极情绪、目标管理三大法宝，让家长把孩子学习这件事拆解成可以具体执行的方法。家长朋友们肯定是有所感悟的，但有些人也会想，孩子真的会愿意从今天开始主动学习吗？

家长不妨去问孩子四句话，并观察他的反应，你就会明白孩子主动学习的意愿远远超过你的想象。第一句话：学习新知识是不是很开心？求知是人类的天性，满足求知过程本身就很快乐。第二句话：你想不想你的同学尊重你？这是激发孩子的荣誉感，让他产生学习的动力源泉。第三句话：你想不想好好地玩？学得好，才能玩得开心。第四句话：你想不想未来变得更优秀，有更多的选择？如果孩子考上一个好的学校，就会认识很多优秀的朋友，和优秀的人在一起学习，孩子也会变得更优秀。

家庭教育是一件庞大而复杂的事。我们在书中的叙述难免有所不足，可能还会存在挂一漏万的情况。现我们将自身在教育信息化和智慧教育等领域内总结出来的与家庭教育相关的理念罗列出来，供家长朋友们补充参考：

第一，家长要作为孩子学习能力的教练。家长不是学校老师，不能教孩子一个个知识点；家长也不是孩子学习的“包工头”，只指挥不干事。家长应当作为孩子学习能力的教练，帮助孩子建立良好的学习习惯、构建健康的学习生态、提高学习能力和生活能力。因此，家长作为教练有三种细分角色：指导员、参与者、学习榜样。指导员是指家长要学会规划，站在更高的角度上去思考，所做的事应当有体系、有方法、有节奏；参与者是指家长要深入到学习环节、亲子互动、孩子成长中去，不能置身事外；学习榜样是指家长要以身作则，用自己的行动潜移默化地改变孩子的行为习惯。

第二，家长需要培养孩子的元学习力。个体的学习从性质上来说分为两个层次：一是个体获得知识、技能和经验的学习，二是个体获得学习机制的学习。后者涉及的是个体如何获得其赖以学习的机能，它比前者更具有本源性，被称为“元学习”。元学习与学习应当是相互渗透、相互作用的，但学校很少教元学习，孩子依靠自己去领悟往往会走很多弯路。

第三，学会打造孩子专属的成长管理记录工具。孩子的生活状态，如心情、所做事项、体育锻炼情况，以及学习状态，如错题集、阅读清单、知识掌握状态等都可以记录起来。记录的目的是为了反思和查漏补缺，同时管理好记录以便做出相应的调整。家长可设计一套成长管理记录工具，可以提醒、管理、规划孩子的学习与生活状态。

第四，六育并举，能力迁移。孩子的目标不止是单纯的文化课学习，而是包含了德、智、体、美、劳、心理等六育的综合。孩子可能会对某方面感兴趣或有特长，家长要逐步引导其在此处突破，培养出相应的能力并迁移到其他需要加强的方面上去，全方位构建孩子的能力。

第五，游戏化互动，快乐学习。教育环节、学习过程都可以有游戏化的互动，如此可调动孩子参与学习的积极性，培养做事的主动性。学习和娱乐的本质是通过玩而学习到东西，正是先有了兴趣再学习知识。兴趣是最好的老师，如果游戏能使人专注一个事物的话，那么也能应用于学习。这需要事先打造场景，让孩子融入其中。

第六，超越学习，培养习惯。家庭教育不仅要提升孩子的成绩，更重要的是培养孩子的习惯，其中也包含了学习习惯。当成长习惯养成后，学习就变得简单。孩子未来要学的知识、要掌握的技能还有很多，父母和老师只能陪伴一程，但是养成的习惯将会伴其一生。家庭教育的视角应当超越学习本身，以培养孩子的学习习惯和生活习惯为最终目标。

我们期待家庭教育能够用先进的教育理念去实现，也希望家长朋友们能够从本书中学到一些技巧并将之灵活运用。

最后，愿天下父母育儿欢喜，妙悟无穷！